HUODIAN JIANSHE
HANJIE JISHI

火电建设焊接纪事（续）

国电焊接信息网　编

中国电力出版社
CHINA ELECTRIC POWER PRESS

图书在版编目（CIP）数据

火电建设焊接纪事：续 / 国电焊接信息网编. —北京：中国电力出版社，2016.10

ISBN 978-7-5123-9877-1

Ⅰ. ①火… Ⅱ. ①国… Ⅲ. ①火力发电－发电设备－焊接－工厂史－中国 Ⅳ. ①F426.61

中国版本图书馆 CIP 数据核字（2016）第 243110 号

中国电力出版社出版、发行

（北京市东城区北京站西街 19 号 100005 http://www.cepp.sgcc.com.cn）

汇鑫印务有限公司印刷

各地新华书店经售

*

2016 年 10 月第一版 2016 年 10 月北京第一次印刷

850 毫米×1168 毫米 32 开本 7.375 印张 178 千字

印数 0001—1000 册 定价 **35.00** 元

编 委 会

主　　编　张佩良

副 主 编　冯才根

编写人员　张信林　廖传庆　林志华　张学锋

赵　军　张　力　高洁安

前　言

——传承网的精神，振兴网的事业

以质量优良和专业活动成绩显赫而著称于国内的电力焊接专业团体，是我国建设工程中最值得骄傲的一个专业团体。其质量之所以优良是因为它有一套完整的管理体系和一大批优秀专业人员所构成的队伍。这支队伍长期以来历经各国技术的熏陶和各类繁杂技术问题的考验，已锻炼成具有较高职业素养、高超焊接技术和严谨管理作风的队伍，是经受实践验证过得硬的一支队伍。

这支队伍具有上述优良品质是因为电力焊接专业长期实行统一领导、统一管理逐步形成的。几十年来，电力焊接专业在科研开发、技术进步、技术管理、质量管理和人才培养等方面都取得了重大成就，这与电力焊接专业众多成员共同努力是分不开的，其中国电焊接信息网的贡献最大，是业内的佼佼者。

国电焊接信息网是群众性社团组织，自 1976 年至今建网四十年来，配合行政主管部门做了大量有益于电力建设发展的实实在在的工作，留下了许多值得称道的、不可磨灭的业绩，尤其是在国家撤销电力行政主管部门，电力焊接专业失去上级领导后，它勇敢地担负起组织专业活动和指导工作的重任，为持续保持电力焊接技术同步于世界先进工艺取得了良好的效果，深得业内人士的赞誉。

值此建网四十年之际，回顾往事，信息网之所以能发挥巨大作用，突显其强大的生命力，主要靠的是“团结、勤奋”两件法宝。俗话说“物以类聚、人以群分”，信息网聚拢了众多“公心为网、精湛专业素质、不计个人得失”的优秀人才，经过“不断创新管理理念和不断总结经验改进工作”，使信息网发展壮大，增强了号召力、凝聚力，并以“不谈空话，干实事”的作风和“全力为群众服务”的精神组织活动，积累了宝贵经验，已渗透在各项活动中，并形成良好的传承。

信息网还要发展，希望全体成员在信息网秘书处领导下，团结一致，为信息网的事业发扬光大、创新进步，取得更加辉煌的成就继续努力奋斗！

张信林

2016 年 8 月 26 日

目 录

上篇

火电建设焊接技术的发展

第一章

火力发电机组建设发展概况

廖传庆

火电（火电厂）建设是电力基本建设项目之一，是电力工业发展的主体。

火电厂生产过程是一个能量的转换过程，它由燃料的化学能转变为蒸汽热能，再由蒸汽热能转换为机械动力能，最后由机械动力能转换为电能的工厂，称为火电厂。

火力发电厂由以下主要设备组成：

锅炉。锅炉是生产蒸汽的设备，是由汽水部分，燃烧部分和锅炉辅机组成。

汽轮机。汽轮机是以蒸汽为动力，将蒸汽的热能转换为机械能，借以推动其他机械旋转的原动力机。汽轮机及其附属设备由管道和阀门连成的整体称为汽轮机设备。它是由汽轮机本体，调速系统，油系统和附属设备（凝气器设备，回热系统设备等）组成。

发电机及励磁设备。现代汽轮发电机都是三相交流发电机。火电厂用来发电的电机，都是由汽轮机和燃气轮机拖动的同步发电机，它是利用导线切割磁力线感应出电势的电磁感应原理，将动力机的机械能变为电能向外输出。发电机是由转子和定子（两部分都是铁芯和绕在铁芯的绕组组成的）端盖和轴承座组成。发电机励磁设备，其作用是向发电机转子绕组供给直流电流，形成转子磁场。大容量汽轮发电机，其励磁方式是在发电机的出线段接入励磁变压器，当发电机运行时，将励磁变压器输出的电压，经整流器整流后输入转子绕组励磁。这种励磁方式是静止的无旋转部件，维修方便，在现代大型发电机上已广泛采用。

主变压器。主变压器是变换交流电压的电气设备，主要由铁芯、绕组油箱，套管及冷却装置等构成，把电能提升为高压电输送给输电线路。

热控设备。热控设备包括各种热工检测仪表，自动调节设备（包括变送器，操作器，执行机构，调节器，程控装置，自动保护装置，控制用计算机等）。大型发电机组一般采用电子计算机对锅炉、汽轮机、发电机等主辅机运行工况进行安全监控、正常调节和机组启停的自动控制及事故处理等。确保火力发电厂的安全、可靠和经济运行。

四大管道。四大管道是指亚临界以上大容量发电机组的四大管道，包括主蒸汽管道、高温再热管道、低温再热管道和锅炉给水管道系统。把锅炉、汽轮机及附属设备连接起来，完成工质的连续输送，确保机组功能转变安全的运行，它是火力发电厂工艺流程系统中的重要纽带。

火电基本建设是现代化和社会化的大型基本建设生产活动。一座大中型火力发电厂建设工程，投资多、工程实物量大、建设工期长、施工（生产）活动程序多、内容多、涉及面广、专业分工细、多工种（炉、机、电、热工、管道、焊接、保温、起重、修配加工等）协同作业。且交叉作业多，关系密切，工艺技术和质量要求高。火电建设具有高度的连续性和同期同步性等特点。

电力建设作为基础产业的电力先行工业，肩负着国民经济和社会发展服务的历史使命。电力建设企业在火电建设工程项目中，严格遵照火电建设基本程序，贯彻“一安全、二质量、三工期”的科学建设方针。科学的决策、严密的组织、精心的安排。做好各阶段的每项工作，以取得优质高效的火电建设成果。

一、火力发电厂分类

（一）火力发电机组的类型及划分方法

火力发电机组分类是以蒸汽参数来分类的。蒸汽参数就是蒸汽压力（汽压）和温度（汽温），汽压的单位是帕（Pa）或兆帕（MPa），汽温的单位是摄氏度（℃）；机组的容量单位是千瓦（kW）。

1. 我国火力发电机组蒸汽参数发展历程

中国火力发电机组汽轮机入口蒸汽参数的发展历程见图1-1。

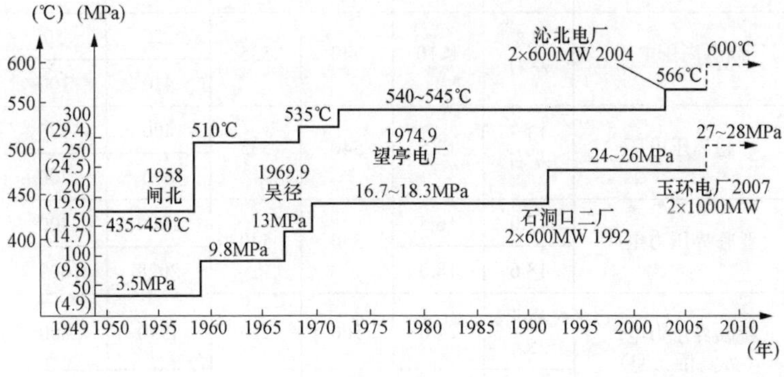

图1-1　中国火力发电机组蒸汽参数的发展历程

2. 火力发电厂的类型

根据容量的大小，可将火电厂分为大型、中型和小型火电厂。但是，这里所说的大、中、小是一种相对的提法。如20世纪70年代认为是大型的火电厂，到90年代则被认为是中型甚至是小型电厂。

按蒸汽参数的变化，可将电厂分为低压、中温中压、高温高压、超高压、亚临界压力、超临界压力、超超临界压力等几种火电厂。

目前，我国火力发电厂采用的蒸汽参数和相应的机组容量，见表1-1。

表 1-1　　火力发电厂类型、蒸汽参数及相应容量

电厂类型	汽压（MPa）		汽温（℃）		机组容量的大致范围（单机容量以kW计）	
	锅炉	汽轮机	锅炉	汽轮机	锅炉容量（t/h）	机组功率（MW）
低温低压电厂	1.9	1.5	350	340	＜30	＜3
中温中压电厂	3.9左右	＜4.0	450	435	35～40	6
					65～75	12
					120～130	25
高温高压电厂	9.8左右	＜10	540	535	220	50
					410	100
超高压电厂	13.9左右	13.5	540	535	400	125
					670	200
亚临界压力电厂	17.0	16.5	550	540	1000	300
	18.6	18.0			2028	600
超临界压力电厂（外高桥二期）	（沁北）25.4	24.0	560	560	1950	600
	25.7	24.9	550	540	2788	900
超超临界压力电厂	27.56	26.25	605	600	2950	1000

注　（1）按压力划分锅炉类型中目前已发展到超超临界压力锅炉机组，所谓临界压力，按工程热力学的规定，水的临界压力为22.119MPa（一般工程有关资料介绍为22.5MPa），温度为374.5℃，超过临界压力称为超临界压力，低于临界压力称为亚临界压力。我国《电力百科全书》将超超临界发电定义为蒸汽压力高于27.0MPa、汽温600℃以上的机组。

各国对超超临界参数的起始点定义有所不同，如日本定义为压力大于24.2MPa，或温度达到539℃；丹麦定义为压力大于27.5MPa。在国际上常把超超临界机组称为高效超临界机组或高（先进）参数机组。

（2）表中未列中间再热汽温。

（3）超临界压力电厂按沁北电厂 2×600MW 和上海外高桥二期 2×900MW 机组的蒸汽参数。

（4）超超临界压力电厂按浙江玉环 4×1000MW 机组参数。

（二）火力发电厂主机的分类及型号

1. 电站锅炉

压力等于或大于中压（3.8MPa）的划归为电站锅炉。

（1）电站锅炉的分类。

按压力高低分类，有七类不同压力的锅炉，详见表 1-1。

（2）电站锅炉的型号。

电站锅炉型号主要由三组字码组成：第一组代表锅炉制造厂的汉语拼音缩写，即代号；第二组分数形式的字码，分子表示锅炉蒸发量（t/h），分母表示过热蒸汽压力（MPa）；第三组字码表示产品的生产设计燃料代号及设计序号。

制造厂代号：SG 为上海锅炉厂；HG 为哈尔滨锅炉厂；DG 为东方锅炉厂；BG 为北京锅炉厂；NG 为杭州锅炉厂；YG 为济南锅炉厂；UG 为无锡锅炉厂；WG 为武汉锅炉厂等。

锅炉参数：一般指锅炉容量、蒸汽压力、蒸汽温度和给水温度等。

燃料代号：M 为燃煤；Y 为燃油；Q 为燃气；MY 为可燃油和气。

举例说明：某台锅炉的型号为 SG-1000/17.0-M2，“SG”表示是上海锅炉厂生产，“1000”表示锅炉的容量为 1000t/h，“17.0”表示过热蒸汽压力为 17.0MPa，“M”表示燃煤的锅炉，“2”表示第二次变形设计的产品。

2. 汽轮机

（1）汽轮机的分类。

汽轮机可以按照蒸汽的作用、热力过程特性、汽流方式、用途等不同方面进行分类，见表 1-2。

（2）汽轮机的型号。

目前国产汽轮机采用的型号分为三组。

第一组符号表示汽轮机的热力特性或用途。如代号“N”表示为凝汽式；“B”表示为背压式；“C”表示一次调节抽汽式；

“CB”表示抽汽背压式等。符号后面的数字表示汽轮机的额定功率，单位为千瓦（kW）或兆瓦（MW）。

表 1-2　　汽轮机的分类

分类	型式	简要说明
按工作原理	冲动式汽轮机	蒸汽主要在喷嘴（或静叶栅）中进行膨胀
	反动式汽轮机	蒸汽在喷嘴（或静叶栅）和动叶栅中都进行膨胀
按热力特性	凝汽式汽轮机	排汽在低于大气压力的真空状态下进入凝汽器凝结成水
	背压式汽轮机	排汽压力大于大气压力，排汽供热用户或低压汽轮机使用
	抽汽式汽轮机	利用调整抽汽供热的汽轮机，有一级调整抽汽式和二级调整抽汽式
	抽汽背压式汽轮机	具有调整抽汽的背压式汽轮机
	乏汽式汽轮机	利用工业设备的低压排汽或企业废汽工作，进汽压力通常较低
按汽流方式	轴流式汽轮机	在汽轮机内，蒸汽基本上沿轴向流动
	辐流式汽轮机	在汽轮机内，蒸汽基本上沿辐向（径向）流动
按蒸汽初压	低压汽轮机	汽轮机的进汽压力为 0.12～1.74MPa
	中压汽轮机	汽轮机的进汽压力为 1.96～3.92MPa
	高压汽轮机	汽轮机的进汽压力为 5.88～9.8MPa
	超高压汽轮机	汽轮机的进汽压力为 11.77～13.74MPa
	亚临界汽轮机	汽轮机的进汽压力为 15.69～17.65MPa
	超临界汽轮机	汽轮机的进汽压力为＞22.16MPa

第二组的数字又分为几组，其间用斜线分开，所用单位：汽压-绝对大气压或兆帕（MPa），汽温-摄氏度（℃）。

第三组的数字表示设计序号，若按原型制造的汽轮机，型号中没有此部分。

举例说明：某台汽轮机型号为 N200-130/555/535 型汽轮

机，"N"表示为凝汽式，200 表示额定功率为 200MW（20 万 kW），130 表示新蒸汽压力为 13.0MPa，温度 535/535℃为中间再热式汽轮机。

3. 发电机

国产 10 万 kW 以上汽轮发电机型号，见表 1-3。

表 1-3　国产 10 万 kW 以上汽轮发电机型号系列表

型号		SQF-100	QFS-125	QFQS-200	QFQS-300	QFS-300	QFS-200	QFSN-600
视在功率	kVA	117600	147000	235000	353000	353000	235000	666667
有功功率	万 kW	10	12.5	20	30	30	20	60
额定电压	V	10500	13800	15750	18000	18000	15750	20000
额定电流	A	6470	6150	8625	11320	11320	8620	19245
额定转速	r/min	3000	3000	3000	3000	3000	3000	3000
功率因数	$\cos\varphi$	0.85	0.85	0.85	0.85	0.85	0.85	0.85

二、国产火力发电机组建设发展概况

新中国成立以前，我国不能自己制造发电设备，除东北、华北和上海的一些电厂由日、美、英等国家建造了一些当时的较大容量机组外，其他各电厂多为中、小型机组。新中国成立初期到 1953 年是我国国民经济恢复时期，很快改变和结束了这种局面，并逐步得到了发展。1952～1953 年，我国分别引进原捷克斯洛伐克制造的 0.6 万～1.2 万 kW 机组和原苏联制造的 0.6 万～5.0 万 kW 机组的全套技术。我国遵循了引进、使用、消化、吸收、研究改进、制造发展的原则，在引进设备制造技术的基础上，开辟了我国自己设计、制造、建设发展国产火电机组的局面。

1950～1952 年经济恢复时期，国家投资 2.39 亿元，装机容量为 18.69 万 kW。

1953～1957年是我国国民经济发展第一个“五年计划”时期，电力工业得到很大发展，新建、扩建、改造了一批中温中压小容量发电厂。该时期我国成功地制造了国产不同容量的6MW、12MW、25MW、50MW火力发电机组。

（一）国产第一台中温中压燃煤机组建设工程

锅炉为单汽包炉排式燃煤锅炉，额定蒸发量为40t/h，蒸汽压力为3.9MPa，蒸汽温度为435℃，锅炉汽包与水冷壁排管连接采用胀接而不是焊接工艺。

单机容量为6MW汽轮发电机。承压部件使用的钢材有：20、st45.8、15Mo、15CrMo等。

该机组全套设备是按当时捷克斯洛伐克技术，于1955年由上海三大动厂制造的。

国产第一台6MW机组兴建在安徽淮南市田家庵发电厂，一期工程建设4×6MW汽轮发电机组。

该机组安装工程由电业管理总局基建工程管理局第九公司（后改为华东基建工程公司淮南工程处）承建。该工程1955年4月1日破土开工，一号机组于1956年4月26日投产运行。

（二）国产第一台12MW中温中压燃煤机组工程

锅炉为单汽包燃煤锅炉，容量为65t/h，蒸汽压力4.0MPa，蒸汽温度435℃。

单机容量为12MW汽轮机，蒸汽压力3.96MPa，蒸汽温度435℃。

受监承压部件使用的钢材有：20、st45.8、15CrMo、12Cr1MoV等。

机组安装工程由四川电力33工程处承建，于1957年在重庆发电厂投产发电。

（三）国产第一台25MW中温中压燃煤机组工程

锅炉为单汽包燃煤锅炉，容量为120t/h，蒸汽压力为4.0MPa，蒸汽温度450℃。

单机容量为 25MW 抽凝式汽轮机，蒸汽压力 3.9MPa，蒸汽温度 435℃。

受监承压部件使用的钢材有：20、12CrMo、15CrMo、12Cr1MoV 等。

机组安装工程由上海电力工程处承建，于 1957 年在上海闸北发电厂建成投产运行。

（四）国产第一台 50MW 高温高压机组工程

锅炉为 HG-220/10.0-1 型燃煤蒸汽锅炉，由哈尔滨锅炉厂制造。

锅炉主要参数：额定蒸发量 220t/h，过热蒸汽出口压力 10.0MPa，过热蒸汽温度 540℃，给水温度 215℃。

该锅炉与单机容量为 50MW 汽轮发电机相配套，由哈尔滨汽轮机厂和哈尔滨电机厂制造。

受监部件使用的钢材有：20、st45.8、15CrMo、13CrMo44、ZG20CrMo、12CrMoV 等。

机组安装工程由黑龙江火电建设公司承建，于 1959 年在哈尔滨热电厂兴建，1960 年投产运行。

同时期国产 50MW 火电机组，并配 50MW 汽轮发电机。机组由吉林火电工程公司承建，于 1959 年在辽宁发电厂投产运行。

通过上述 6MW、12MW、25MW 和 50MW 及相应配套设备的安装，从而奠定了电力制造工业基础。

1958～1960 年，经济建设中出现的一些在建的火力发电机组“简易发电”，给机组带来了一些隐患。1960 年后国家决定对国民经济建设进行“三年调整”，在调整、巩固、充实、提高方针指引下，对一些简易发电机组实施了填平、补齐，使这些机组最终达到了设计要求。

1966 年以后的一段时期，全国缺电情况突出，出现了“三边”（边勘察、边设计、边施工）、“四边”（边勘察、边设计、边施工、边生产）工程。在这段时期内我国仍兴建了一批国产

100MW、125MW、200MW、300MW 以上火力发电机组。

1978 年 12 月 18～22 日召开了党的十一届三中全会，总结了历史经验，强调把工作重点转移到社会主义现代化建设上来。1979 年开始火电建设也有了突飞猛进的发展。

（五）国产第一台 100MW 高温高压机组工程

锅炉为 HG-410/10.0-1 型燃煤单汽包自然循环高压蒸汽锅炉，由哈尔滨锅炉厂制造。

锅炉主要参数：额定蒸发量 410t/h，过热器出口压力为 10.0MPa，过热蒸汽温度 540℃，给水温度 215℃。

汽轮发电机功率为 100MW。

受监承压部件使用的钢材有：20、st45.8、12CrMo、15CrMo、12CrMo V 等。

该机组安装工程是由东北电力第三工程公司承建，于 1959 年在辽宁阜新电厂兴建，1960 年投产运行。

100MW 机组在全国共安装了 55 台，于 1978～1989 年间陆续投产运行。

（六）国产第一台 125MW 超高压机组工程

锅炉为 SG-400/14.0 型超高压中间再热汽包锅炉，露天布置，除空气预热器外，锅炉全部重量悬吊在炉顶大板梁上，整个受热面向下膨胀。

锅炉主要参数：额定蒸发量 400t/h，过热蒸汽压力 14.0MPa，过热蒸汽温度 555℃，再热蒸汽流量 350t/h，再热蒸汽压力 2.55MPa，再热蒸汽温度（进口/出口）335℃/555℃，给水温度 240℃。

汽轮机为 N125-135/550/550 凝汽式汽轮机。

发电机为 QFS125-1 型双水内冷发电机。

上述三大主机设备，分别由上海锅炉厂、上海汽轮机厂和上海电机厂制造。

四大管道：主蒸汽管道 ϕ273×20mm、F11、ZG15Cr1Mo1V；

再热蒸汽热段ϕ457×12.5mm、10CrMo910、12CrMoV、ZG15CrMoV；再热蒸汽冷段ϕ426×11mm、20、st45.8；高压给水管道ϕ325×24mm、st45.8。

受监承压部件使用的钢材有：20A、st45.8、、15CrMo、13CrMo44、12CrMoV、10CrSiMoV7、10CrMo910、π11、无铬7号（13SiMnWMoVB）、G25B、ZG15Cr1Mo1V、F11、SA213T9、1Cr18Ni9Ti。

1号机组承压管（道）焊口共7483只，其中合金钢焊口2765只。

该机组由上海电力建设公司承建，于1969年在上海吴泾热电厂投产运行。

125MW机组在全国共装了51台，于1978～1989年陆续投产运行。

（七）国产第一台200MW超高压中间再热机组工程

锅炉为HG-670/14.0-1型超高压中间再热蒸汽锅炉，由哈尔滨锅炉厂制造。

锅炉主要参数：额定蒸发量670t/h，过热蒸汽出口压力14.0MPa，过热蒸汽温度540℃，再热蒸汽流量579t/h，再热蒸汽进出口压力2.75/2.55MPa，再热蒸汽进出口温度323/540℃，给水温度240℃。

汽轮机为N200-120/535/535℃型超高压中间再热三缸、三排汽，单轴凝汽式汽轮机，由哈尔滨汽轮机厂制造。

发电机为QFQS-200-2型水、氢混合冷却式发电机，由哈尔滨电机厂制造。

四大管道：主蒸汽管道ϕ355.6×50mm、10CrMo910；高温再热管道ϕ470×12.5mm、10CrMo910；低温再热管道ϕ508×12.5mm、st45.8；主给水管道ϕ377×34mm、st45.8。

受监承压部件使用的钢材有：20、st45.8、12CrMoV、15CrMo、10CrMo910、ZG20CrMoV、1Cr18Ni9Ti等。

该机组受监承压管（道）焊口共12843只。

该机组是由东北电力第一工程公司承建，于1974年在辽宁朝阳电厂投产运行。

200MW机组在全国共安装了95台，于1978～1989年陆续投产发电。

（八）国产第一台300MW亚临界中间再热机组工程

锅炉为一次上升两次混合中间再热燃油直流锅炉。

锅炉主要参数：额定蒸发量1000t/h，过热蒸汽出口压力17.0MPa，过热蒸汽温度555℃，再热蒸汽流量830t/h，再热蒸汽压力（进口/出口）3.5/3.3MPa，再热蒸汽温度（进口/出口）325/555℃，给水温度265℃，热风温度295℃，排烟温度150℃，设计燃料200号重油。

汽轮机为N300-165/550/550型四汽缸中间再热式300MW汽轮机。

发电机为QFS-300-2型300MW双水内冷汽轮发电机。

上述三大主机分别由上海锅炉厂、上海汽轮机厂和上海电机厂制造。

四大管道：主蒸汽管道ϕ355.6×40mm、F11；高温再热蒸汽管道ϕ426×12.5mm、F11；低温再热蒸汽管道ϕ426×20mm、st45.8；高压主给水管道ϕ355.6×36mm～ϕ273×32mm，st45.8、ϕ355.6×50mm，10CrMo910、ϕ426×50mm，12CrMoV/ZG25。另外高压导汽管ϕ325×50mm、F11、F11＋12CrMoV，中压高温导汽管ϕ426×14mm、F11、F11＋12CrMoV。

受监承压部件使用的钢材有：20A、st45.8、15CrMo、13CrMo44、、10CrMo910、10CrSiMoV7、П11、ZG15Cr1Mo1V、ZG25B、F11、1Cr18Ni9Ti等。

1号机组受监承压管焊口共26000只，其中合金钢焊口占总数的40%。

该工程建设为3×300MW机组，安装工程是由上海电力建设公司第一工程处承建，1 号机组于 1974 年 11 月江苏望亭电厂投产运行（注：本投产机组是同类国产机组制造的第二套火力发电设备）。

我国第一台引进型亚临界 300MW 燃煤机组，由山东电力建设第二工程公司承建，1 号机组于 1987 年 7 月在山东石横电厂投产运行。

国产 300MW 机组在全国共安装了 38 台，从 1974～1989 年底期间陆续投产发电。我国自行设计制造的第一台 1000t/h 燃煤锅炉和 300MW 汽轮发电机组，由河南第一火电建设公司承建，于 1975 年 11 月在河南姚孟电厂投产运行。

（九）国产第一台 600MW 亚临界机组工程

该机组建设在安徽省淮南市平圩镇。建设最终容量按照 4 台 600MW 考虑。一期工程建设 2 台 600MW 机组，新建平圩电厂一期工程是我国“七五”期间的重点工程，投资 27 亿多万元（其中一号机组投资 15.63 亿元），属于国务院十二项重大技术装备之一，为国家考核机组。

平圩 600MW 工程是我国引进美国依柏斯公司设计技术，由华东电力设计院设计，安徽电力建设第二工程公司总承建的大型坑口新建电厂。锅炉、汽轮机与发电机是国家机械工业委员会分别从美国 CE 公司及西屋公司引进设计、制造技术及零部件，由哈尔滨锅炉厂、汽轮机厂和电机厂制造。机组主辅机设备共约 230 种，其中 80%由国外引进技术国内制造。工程涉及美、英、法、西德、瑞典、加拿大、比利时、澳大利亚、新加坡等 30 余家国外厂商；国内涉及 16 个省、市、自治区的 130 余家工厂。在施工技术和装备方面也作了相应的引进。因此，工程的设计和施工布局均反映了现代电站的特点。

1. 锅炉部分

锅炉为 HG 2008/18.6-M 型亚临界压力一次中间再热强制

循环、单炉膛、单汽包吊式结构煤粉炉，汽包中心标高 73.3m，炉顶标高 84.4m。

锅炉额定工况（90% MCR 即在汽轮机主汽门全开，且超压 5%，机组电负荷为 653.5MW 情况下的锅炉最大连续蒸发量 2008t/h），主要参数：额定蒸发量 1815.3t/h，过热蒸汽流量 1815.3t/h，过热蒸汽出口压力 17.65MPa，过热蒸汽出口温度 540.6℃，再热蒸汽流量 1496t/h，再热蒸汽进、出口压力 3.56/3.37MPa，再热蒸汽进出口温度 313.3/540.6℃，给水温度 272.2℃。

2. 汽轮机部分

型号为 N600-176/537/537 型 600MW 单轴四缸四排汽中间再热，具有一个调节级反动式汽轮机。

四大管道：主蒸汽管道ϕ673×103mm～ϕ488.9×74mm，SA335 P22；高温再热管道ϕ958×41.3mm，SA335 P22；低温再热管道ϕ1066.8×20.6mm～ϕ863×15.9mm，A672B70CL42；主给水管道ϕ457.2×57mm～ϕ324×36.8mm，SA106B。

3. 发电机部分

型号为 QFSN-600-2 型 YHG 三相交流稳极式同步、水氢冷却汽轮发电机。

额定功率 600MW，额定电压 20000V，额定电流 19245A，额定转速 3000r/min。

电气铝合金封闭母线，规格为ϕ1400×8/ϕ900×（14～16）mm、ϕ630×5/ϕ133×10mm，共 156 个焊接接头。200kV 升压站铝合金管型母线 404 个接头，500kV 升压站 408 个接头。

安装工程受监承压部件使用的钢材有：

美国：SA106B、SA178C、SA210C、SA299、SA335P1、SA335P2、SA335P22、SA335F11、SA182F11、SA10307CK、SA6728B70CL42、SA2137P316、SA213TP304H、SA213TP347H。

中国：20、15CrMo、12CrMoV、钢 102、15Cr1Mo1V、

OCr18Ni9Ti。

德国：st45.8/III。

日本：SD 钢筋为一期建筑工程，主厂房基础两台机组底板钢筋坡口对接焊，共焊了 113061 个接头。

1 号机组受监承压管及管道共焊了 30610 只，其锅炉部分为 27749 只，热力管道 576 只，其他部分 6000 余只。

该工程从 1984 年 4 月开工，1 号机组于 1989 年 12 月 15 日并网发电，1989 年 11 月 4 日正式移交商业运行。2 号机组于 1992 年 12 月 24 日移交生产，标志着一期工程 2×600MW 机组建设胜利完成。

新建平圩电厂一期工程质量经国家验收达到了设计和经济指标的要求。机组整体水平达到了美国 80 年代水平。

平圩电厂 600MW 机组的建设对我国电力的发展具有重大意义。通过 600MW 的建设，将使我国在电力机械制造上达到更新换代的目的，并在设计制造、施工、安装和生产管理方面积累了经验，为我国电力的发展开创了一条新的道路，并跨上了一个新的台阶，也是迈向世界先进水平的一个标志。

（十）国产第一台引进型超临界 600MW 机组工程

华能沁北电厂 2×600MW 超临界机组为国产化依托项目。

锅炉主要参数：锅炉蒸发量 1950t/h，蒸汽压力 25.4MPa，蒸汽温度 556/566℃，主蒸汽压力 24.1MPa，高温再热蒸汽温度 538/566℃。

该锅炉配 600MW 汽轮发电机组，结束了我国的无超临界压力锅炉的空白。

主汽管道 ID419×75mm，SA335P91；高温再热蒸汽管道 ID914×35mm，SA335P91；低温再热蒸汽管道 OD1016×28.58mm，A672B70CL32；锅炉给水管道 OD508×50mm，15NiCuMoNb5-6-4。

1 号机组由东北电力第三工程公司承建，于 2004 年 11 月

23 日投入商业运行。

该类型机组约100余台在2015年之前陆续在一些地区投产运行。

（十一）国产首台超临界 900MW 机组工程

上海外高桥电厂二期工程为 2 台 900MW 机组。

锅炉为德国 ALSTOM 公司设计超临界压力、单炉膛、一次再热、平衡通风、固态排渣、露天布置、燃煤塔式锅炉。其中材质为 SA335P91 的集箱和燃烧器及水冷套部位由德国 ALSTOM 公司制造，其他部组件由 ALSTOM 公司分包于上海锅炉厂制造。炉膛截面积为 21.48×107.5m。

1. 锅炉部分

锅炉主要设计参数：锅炉最大出力 2788t/h，过热器出口蒸汽压力 25.76MPa，过热蒸汽温度 542℃；再热蒸汽流量 2476t/h，再热蒸汽进口压力 5.919MPa，再热蒸汽出口温度 568℃，给水温度 269.3℃。

2. 汽轮机部分

凝汽式汽轮机，由德国 SIEMENS 公司设计制造。

主要设计参数：额定出力 900MW，最大连续出力 936.085MW、汽轮机阀门全开出力 980.130MW，主蒸汽压力 24.955MPa，主蒸汽温度 538℃，再热蒸汽压力 5.321MPa，再热蒸汽温度 566℃，主蒸汽流量 2655.4t/h，再热蒸汽流量 2476t/h。

四大管道（按设计图统计）：

主蒸汽管：ID460×120mm，SA335P91，ID320×90mm，SA335P91。

高温再热管道：ID650×60mm，SA335P91，ID465×40mm，SA335P91。

低温再热管道：ID870×60mm，SA335P11，ID620×45mm，SA335P11。

高压给水管道：ID450×90mm，WB36，ID320×75mm，WB36。

3. 发电机部分

额定容量（铭牌）1000MVA，最大容量 1089MVA，最大功率 980.1MW，额定电压 27kV，额定电流 21383A，冷却方式为水氢氢。

受监承压部件使用的钢材有：

设备钢种复杂，合金材料使用普遍。6 号炉（除省煤器外）均为合金材料，其主要钢材有 SA106C、SA210C、SA209T1、SA213T11、SA213T22、SA213T91、SA335P11、SA335P22、SA335P91；汽轮机部分为 SA335P91、WB36 等。

锅炉约有一万多只受热面管因管排间距太小焊接位置困难，而采用针对性的“镜面三维运动”焊接操作技术解决。

参加水压试验总焊口数 62500 只，其中锅炉本体 60954 只，四大管道及附属管道 1546 只。

5 号机组安装工程由上海电力安装第一工程公司承建，于 2004 年 4 月 20 日投产运行。

6 号机组安装工程由安徽电力建设第二工程公司承建，于 2004 年 9 月 22 日投产运行。

（十二）国产首台 1000MW 级超超临界机组工程

拥有 4×1000MW 机组的华能玉环电厂工程是我国“863”计划引进超超临界燃煤发电技术，实现国产化依托工程的国家重点科技攻关项目，总投资约 156 亿元。该机组参数，在压力上高于日本，在温度上高于欧洲的同类机组，尤其汽轮发电机又是单轴，目前世界上并无一台完全相同的机型可以借鉴。

1. 锅炉部分

锅炉为 HG2953/27.46YMI 型超超临界变压垂直管圈燃煤直流、一次再热炉。露天布置，全部采用钢结构、全悬吊结构 Π 型炉。炉膛断面尺寸：长 32.8m，宽 15.65m，高 66.4m；炉膛容积 2800m^3。锅炉由哈尔滨锅炉厂制造（技术支持方为日本三菱公司）。

锅炉主要技术参数：

过热蒸汽：最大连续蒸发量 2950t/h，额定蒸发量 2742t/h，额定蒸汽压力（过热器出口）26.25MPa，额定蒸汽温度 605℃。

再热蒸汽：蒸汽流量 2457/2279t/h，进口/出口蒸汽压力 5.27/5.07MPa，进口/出口蒸汽温度 359/603℃。

给水温度：298℃。

超超临界燃煤锅炉配以脱硫装置，以改善对大气的污染，使其成为一个洁净煤的发电工程。

2. 汽轮机部分

汽轮机引进了德国西门子技术，由上海汽轮机厂制造。主要技术规范为：超超临界一次中间再热，单轴，四缸四排汽，双背压，凝汽式，八级回热抽汽，主汽门前压力为 26.25MPa，温度 600℃，再热阀前温度 600℃。其低压缸末级叶片的长度为 1146mm，所以要求汽缸及汽轮机的材料也必须具备耐高温、高压、腐蚀、冲击等特殊耐热钢。

3. 发电机部分

发电机与超超临界技术与参数无直接关系。汽轮发电机与锅炉相匹配。发电机冷却方式为水氢冷却。发电机转子材料为 26NiCrMoV 钢。发电机制造技术支持为德国西门子公司，由上海电机厂制造。

四大管道（按设计参数统计）：

主蒸汽管道：ϕ508×102mm、SA335P122、ID349×72mm、SA335P92、10248×53mm SA335P92。

高温再热蒸汽主管：ID699×50mm、SA335P91。

低温再热蒸汽主管：ϕ1067×38.1mm、SA961Cr-1-1/4CL22

高压给水主管：ϕ610×65mm、15NiCuMoNb5（WB36）。

受监承压部件使用的主要钢材有：

SA106C、SA105、SA213T12、SA335P12、SA335P22、SA213T22、SA213T91、SA335P122、SA213T122、SA335P91、SA182F12、SA182F22、SA182F91、SA335P92、CASE2180、A691 Cr1-1/4CL22、15NiCuMoNb5、SA213TP310HCbN、SA213TP347H、SUPER304H、15CrMo、12Cr1MoV 等。

受监承压管及管道焊口共 76834 只，需处理焊口 8161 只。

首台 1000MW 机组安装工程是由浙江省火电建设公司承建，于 2006 年 11 月 28 日在华能玉环电厂投产运行。以 4 号超超临界燃煤机组于 2007 年 11 月 24 日顺利投产为标志，我国最大的百万千瓦级火力电厂宣告建成投产。

4 台 1000MW 机组连续顺利投产标志着中国已成功掌握目前世界先进的超超临界压力火力发电技术，也标志着我国火电建设向大容量、高参数机组发展迈上了一个新的台阶；同时也为电力制造行业正朝着高参数超超临界机组发展奠定了基础。

同期安装在华电国际邹县发电厂四期工程扩建 2 台国产 1000MW 燃煤机组，由山东电力建设第一工程公司承建一号机组的安装工程，于 2006 年 12 月 2 日 168h 试运结束投产商业运行。

锅炉采用东方锅炉厂制造的超超临界变压直流炉、单炉膛、一次中间再热。

锅炉主要参数：过热蒸汽出口流量 3033t/h，过热蒸汽出口压力 26.15MPa，过热蒸汽出口温度 605℃，再热蒸汽流量 1591.47t/h，再热蒸汽进口/出口压力 5.1/4.9MPa，再热蒸汽进口/出口温度 354.2/603℃。

该锅炉是为匹配 1000MW 超超临界汽轮发电机组而设计的带有中间再热燃煤直炉。

受监承压部件使用的钢材有：SA213T92、SA335P92、ASME code case2328、（SUPER304）、ASME code case2115-1（HR3C）四种新钢种等。

受监承压部件共有焊口 59650 只，其中汽轮机大口径焊口

362只。

（十三）国产第一台300MW中间再热循环流化床锅炉燃煤示范电厂

“九五”期间，在国家科技攻关计划下，国内三大锅炉厂分别与国内大、中院校科研单位紧密合作下，开发研制出具有自主知识产权的420t/h（125MW）带中间再热循环流化床电站锅炉。同时我国也在大力引进、消化、吸收国外大型循环流化床锅炉的先进经验，通过已建成的100MW、125MW、135MW循环流化床电站运行的实践，已充分证实它们在电站锅炉范围内成功的应用，现正在扩大向大容量、高参数循环流化床锅炉的技术和制造能力发展。

四川内江市白马300MW中间再热循环流化床锅炉示范电厂工程采用技贸结合方式，引进大型循环流化床锅炉设计制造技术。

循环流化床锅炉容量为1025t/h的常压循环流化床锅炉及相应的关键配套设备，由法国ALSTOM公司制造供货。锅炉岛以外所配的300MW汽轮机、发电机及主变压器等主辅设备，均由国内制造供货。该工程静态总投资15.5亿元，动态投资16.51亿元。

该工程兴建在四川省内江市白马电厂，由四川电力建设三公司承建，工程从2003年8月28日锅炉基础开挖，机组首次并网发电时间为2005年11月1日，完成336小时（14天）试运，投入商业运行时间为2005年12月15日。

300MW示范电站是按照“十五”发展计划纲要，调整电力建设结构，大力发展洁净煤燃烧技术的性工程，此工程在当时是世界上最大的流循环流化床锅炉示范电站，其建设投产对加快我国大型循环床锅炉技术和设备国产化，解决深层次的环保问题，推动电力技术升级，促进可持续发展具有十分重要意义。21世纪初原国家电力公司热工研究院也设计了300MW循环流化锅炉方案，标志着我国循环流化床锅炉将朝着大型化方向发展。

（十四）国产第一台超临界 600MW 循环流化床锅炉示范机组

四川省白马电厂建设一台超临界 600MW 增压循环流化床国产化示范机组，并以此为依托列入“十一五”和国家“863”计划，并于 2013 年投产运行。

超临界 600MW 循环流化床锅炉是国家发展和改革委员会自主研发的，截至 2014 年 8 月投产和在建的 350MW、600MW 超临界循环流化锅炉分别为 36 台和 3 台。预计经过一定的商业示范运行之后，这项技术将在燃煤发电方面发挥重要作用。

三、引进火力发电机组建设情况

新中国成立以来，随着国民经济建设的发展和人民生活水平的不断提高，对电力的需要也随之增大，而我国电站设备的生产能力不足，且技术也较落后。为满足上述需求，提高我国电站设备的技术水平、生产能力，一方面引进国外先进技术，增强国内电站设备生产水平；另一方面国家在不同时期做出有计划的直接引进技术较先进的火力发电成套设备，以弥补国内电站设备供应不足和技术落后状况。

65 年来，我国分别从东欧、西欧、美国、日本等国家引进了一批火力发电机组，安装在一些省、市、自治区。现按不同时期引进不同容量的机组建设情况简介如下：

1953 年开工兴建的第一座黑龙江富拉尔基电厂，是原苏联进口的 170t/h 锅炉，配以 25MW 高温高压供热机组。由黑龙江省火电第三工程公司承建，于 1955 年投产运行。

1953～1957 年间从原苏联进口 6 台 25MW 和 50MW 高温高压发电机组，在此期间也相继投产发电。

1958～1962 年国家有计划地从捷克进口 5 台 50MW 机组，

从原苏联进口2台50MW机组和原东德进口4台50MW机组，共11台550MW发电机组安装在辽宁发电厂，均在该时期内相继投产运行。

1971年从波兰进口2×120MW高温高压机组，安装在安徽淮南市田家菴发电厂。建筑与安装工程由安徽电力建设第三工程公司第三工程处总承包，于1974年建成投产运行。

辽宁清河电厂从原苏联进口2×200MW机组，山东黄岛电厂从原苏联进口2×210MW机组，河北唐山陡河电厂从日本进口2×250MW机组。上述三个电厂共6台机组，在1976～1980年期间相继投产发电。

内蒙古元宝山电厂从法国引进2×300MW机组，姚孟电厂从比利时引进2×300MW机组，江苏南京电厂从原苏联引进2×300MW机组，上述三个电厂安装工程分别由东北电力第一工程公司、河南第一火电建设公司和江苏省电力建设第一工程公司承建1号机组。并分别于1979年6月9日、1975年11月、1989年9月投产发电。

陕西蒲城电厂从罗马尼亚引进2×320MW机组，天津大港电厂从意大利引进2×328MW机组。上述两个电厂安装工程分别由西北电力建设第一工程公司和天津电力建设公司承建，各电厂1号机组分别于1990年和1978年11月投产发电。

上海宝钢电厂、广东沙角B厂、辽宁大连电厂、福建福州电厂分别从日本各引进2×350MW机组共8台机组。四个电厂安装工程分别由上海电力建设第一工程公司、广东火电工程总公司与东北电力第一工程公司和西北电力建设第一工程公司承建。各电厂1号机组分别于1982年7月、1987年7月、1988年11月和1988年12月投产发电。

江苏南通电厂和河北上安电厂从美国各引进2×350MW机组，其安装工程分别由江苏省电力建设第三工程公司和河北省电力建设第二公司承建。各电厂1号机组分别于1989年

9月和1989年9月投产发电。

四川珞璜电厂从法国引进 2×360MW 机组和湖南岳阳从英国引进2×360MW机组。安装工程分别由四川电力建设一公司和西北电力建设第一工程公司承建。各电厂1号机组分别于1990年4季度和1990年底投产发电。

山西神头二电厂从捷克引进 2×500MW 机组和天津蓟县从苏联引进2×500MW机组，其安装工程分别由山西省电力建设二公司和北京电力建设公司承建。两个电厂的1号机组分别于1991年投产发电。

上海石洞口第二电厂和浙江北仑港电厂分别从美国各引进2×600MW机组，机组安装工程分别由上海电力安装第一工程公司和浙江火电建设公司承建。1号机组分别于1992年和1990年底投产发电。

福建漳州后石电厂（1～4号）和珠州电厂分别从日本三菱公司引进2×600MW机组，机组安装工程分别由安徽电力建设第二工程公司（1和2号机组）和广东火电工程总公司承建。1号机组分别于2000年3月和1997年投产发电。

珠海电厂从日本引进2×700MW机组，安装工程由广东火电工程总公司承建，2号机组于2000年4月3日先于1号机组投入商业运行，1号机组于2001年2月5日投入商业运行。

辽宁绥中电厂从前苏联引进2×800MW机组，其安装工程由东北电力第三工程公司承建，1号机组于2000年7月6日投产发电。

上海外高桥电厂二期工程从德国引进2×900MW机组，5号机组安装工程由上海电力建设第一工程公司承建。于2003年底并网发电，2004年4月20日投入商业运行。

通过引进大容量高参数亚临界、超临界机组的先进技术的使用、消化、吸收，我国自主创新已成功地制造了600～900MW超临界机组，并独创制造了大容量高参数超超临界压力的

1000MW 火力发电机组。自 2005 年以来，已建成的常规超临界压力 600MW 机组相继实现国产化后，继续发展国产化超超临界 1000MW 机组以及向更大容量机组方向发展，他表明我国电力设备制造业已迈向世界先进水平行列。

根据党的“十六大”所确定的全面建设“小康”社会的经济发展目标和国家“十三五”规划，到 2020 年实现全面建成“小康”社会宏伟目标，全社会用电将会成倍增加，需要装更多的大容量发电机组。截至 2014 年底我国电力装机容量已达到 13.6 亿 kW，煤电占比 67%左右，仍不能满足经济发展和人民生活用电的需求。因此，我国在大力发展水电、优化发展火电、积极发展核电方针指导下，根据我国煤炭资源相对丰富情况下，决定了今后相当长时期内，火电建设在电力的主体地位不会改变，将占首位，水电次位，核电建设规模相对较小。截至 2015 年 9 月末，核电装机容量仅有 2414 万 kW，经过 30 年核电的发展，已全面实现了国产自主化，国家规划到 2030 年核电装机规模至少达到 1.5 亿 kW。

随着我国电力事业的发展，大容量高参数的 300～1000MW 机组已成为今后一段时间内新投产的主力机组，其中火电机组占大多数。在火电建设中，国家三部委制定煤电节能减排升级与改造行动计划（2014～2020 年），要求新建燃煤发电项目原则上采用 600MW 及以上超临界机组。无论是火电（国产最大机组为 1000MW）、水电（国产最大机组为 900MW）、核电（三代核电技术的国产 CAP1400MW 机组）机组设备的设计、制造、建设、安装和运行技术能力均已达到世界一流水平。十余年来，国产发电设备步入国际市场后，获得使用国家的一致好评。

火电基本建设为发展我国电力工业建造了大量的固定资产，安装了大批的生产设施，为发展电力工业和繁荣我国的经济建设做出了重大贡献。

四、发电工业未来发展趋势

根据世界发电工业的发展趋势，结合我国经济、技术、社会等各方面实际情况考虑，可以预测在今后一段时期内，我国发电技术的发展将主要集中在以下几个方面：

（1）常规燃煤发电机组脱硫、脱硝技术的发展和应用；

（2）超临界和超超临界燃煤发电；

（3）常压流化床锅炉燃煤发电；

（4）燃汽轮机及其联合循环发电；

（5）新能源和可再生能源发电等。

第二章

火力发电机组设备应用钢材

赵　军

第一节　火力发电机组设备用钢概况

火力发电厂设备种类繁多，数量巨大，结构复杂，功能各异，使用的金属材料涉及范围广泛，钢材的应用品种、规格多种多样。这些部件的连接基本上采用的是焊接的方式，作为焊接工作者，有必要对火力发电厂的基本结构和设备用钢情况有所了解，以便更好地开展火力发电厂焊接技术和焊接工程管理工作。

20 世纪 50 年代，我国火力发电厂主要为中低压机组，50 年代末至 60 年代，高压和超高压机组增多。到了 70 年代，在内蒙古赤峰市元宝山发电厂，从法国进口一台 300MW 亚临界机组，1974 年开工建设，1978 年建成，1979 年 6 月 9 日正式投入商业运行。80 年代，再次进口一台 600MW 亚临界机组建设在元宝山发电厂，东北电业管理局第一工程公司承担安装施工任务。1984 年开始引进美国技术，分别在山东泰安石横电厂和安徽淮南平圩电厂开工建设 300MW 亚临界机组和 600MW 亚临界机组，均为“七五”期间国务院十二项重大技术装备项目之一，是我国首次引进国外设备制造技术和电站设计技术的“双引进”机组。华东电力设计院设计，哈尔滨三大动力厂分别于 1987 年全部制成，安徽电力建设第二工程公司负责安徽淮南平圩电厂 600MW 机组的建筑安装，山东电力建设第二工程公司负责山东泰安石横电厂 300MW 机组的建筑安装。从此，拉开了大容量机组建设的序幕。

进入 21 世纪，我国开始引进国际先进火力发电技术，建造超临界机组，2002 年，上海外高桥电厂二期工程开工建设，建设两台 900MW 超临界机组，分别由上海电力建设第一工程公司和安徽电力建设第二工程公司承担建筑安装施工任务。2004 年，华能玉环电厂一期工程 4×1000MW 超超临界燃煤机组开工建设，该工程是国家“863 计划”中引进超超临界机组技术的依托工程，也是第一个建设国产 1000MW 超超临界机组的电厂。由浙江省火电建设公司、天津电力建设公司分别承担工程建筑安装施工任务。从此，大容量、高参数、低耗煤、高环保的机组建设进入到了一个崭新的阶段。

一、火力发电厂用钢概况

火力发电厂设备用钢不同于其他设备用钢的主要区别在于大量使用耐热钢材料，所谓耐热钢即在高温下具有较高的强度和良好的化学稳定性的合金钢。它包括抗氧化钢（或称高温不起皮钢）和热强钢两类。抗氧化钢一般要求较好的化学稳定性，但承受的载荷较低。热强钢则要求较高的高温强度和相应的抗氧化性。耐热钢常用于制造锅炉、汽轮机、动力机械、工业炉和航空、石油化工等工业部门中在高温下工作的零部件。这些部件除要求高温强度和抗高温氧化腐蚀外，根据用途不同还要求有足够的韧性、良好的可加工性和焊接性，以及一定的组织稳定性。此外，还发展出一些新的低铬镍抗氧化钢种。火力发电厂锅炉、汽轮机及其热力系统管道用钢材，首先要求具有高的持久强度，高的抗氧化腐蚀性能，并有良好的组织稳定性；其次要求具有优良的加工性能，包括焊接性能、弯曲加工性能。

耐热钢中主要依靠碳、氮、铬、镍、锰、钒、钛、铌、硼、稀土等合金元素来提高钢材的抗氧化和热强性等综合性能。铬、铝、硅这些铁素体形成的元素，在高温下能促使金属表面生成致密的氧化膜，防止继续氧化，是提高钢的抗氧化性和抗高温气体腐蚀的主要元素。但铝和硅含量过高会使室温塑性和热塑性严重恶化。铬能显著提高低合金钢的再结晶温度，含量为2%时，强化效果最好。镍、锰可以形成和稳定奥氏体。镍能提高奥氏体钢的高温强度和改善抗渗碳性。锰虽然可以代镍形成奥氏体，但损害了耐热钢的抗氧化性。钒、钛、铌是强碳化物形成元素，能形成细小弥散的碳化物，提高钢的高温强度。钛、铌与碳结合还可防止奥氏体钢在高温下或焊后产生晶间腐蚀。碳、氮可扩大和稳定奥氏体，从而提高耐热钢的高温强度。钢中含铬、锰较多时，可显著提高氮的溶解度，并可利用氮合金化以代替价格较贵的镍。硼、稀土均为耐热钢中的微量元素。硼溶入固溶体中使晶体点阵发生畸变，晶界上的硼又能阻止元素扩散和晶界迁移，从而提高钢的高温强度；稀土元素能显著提高钢的抗氧化性，改善热塑性。

珠光体耐热钢合金元素以铬、钼为主，总量一般不超过5%。其组织除珠光体、铁素体外，还有贝氏体。这类钢在500～600℃有良好的高温强度及工艺性能，价格较低，广泛用于制作600℃以下的耐热部件。如锅炉钢管、汽轮机叶轮、转子、紧固件及高压容器、管道等。典型钢种有16Mo、15CrMo、12Cr1MoV、12Cr2MoWVTiB、10Cr2Mo1、25Cr2Mo1V、20Cr3MoWV等。

马氏体钢含铬量一般为7%～13%，在650℃以下有较高的高温强度、抗氧化性和耐水汽腐蚀的能力，但焊接性较差。含铬12%左右的1Cr13、2Cr13，以及在此基础上发展出来的钢号如1Cr11MoV、1Cr12WMoV、2Cr12WMoNbVB等，通常用来制作汽轮机叶片、轮盘、轴、紧固件等。

铁素体钢含有较多的铬、铝、硅等元素，形成单相铁素体组织，有良好的抗氧化性和耐高温气体腐蚀的能力，但高温强度较低，室温脆性较大，焊接性较差。如1Cr13SiAl、1Cr25Si2

等。一般用于制作承受载荷较低而要求有高温抗氧化性的部件。

奥氏体钢含有较多的镍、锰、氮等奥氏体形成元素，在 600℃以上时，有较好的高温强度和组织稳定性，焊接性能良好。通常用作在 600℃以上工作的热强材料。典型钢种有 1Cr18Ni9Ti（321）、1Cr23Ni13（309）、0Cr25Ni20（310S）、1Cr25Ni20Si2（314）、2Cr20Mn9Ni2Si2N、4Cr14Ni14W2Mo 等。

锅炉受热面管子和蒸汽导管是在高温高压条件下工作的，在这种工况条件下，管子将产生蠕变，并有可能发生持久断裂。同时，管子在高温烟气和水蒸气的作用下也将发生氧化和腐蚀。因此，对于管子用钢来说，要求具有如下性能：

（1）高的蠕变极限、持久强度和良好的持久塑性；

（2）抗高温氧化性能和耐腐蚀性能；

（3）足够的高温组织稳定性；

（4）良好的可焊性；

（5）良好的冷热加工性能。

汽轮机转子用钢。汽轮机转子包括汽轮机大轴和汽轮机叶片，属于高速转动部件。为了保证转子的安全运行，要求汽轮机转子用钢具有如下性能：

（1）具有良好的综合性能，尤其是具有高的强度、良好的塑性和冲击性能；

（2）具有高的蠕变极限和持久强度；

（3）具有足够的抗热疲劳性能；

（4）具有较好的断裂韧性；

（5）具有较好的组织稳定性、可焊性和淬透性。

汽轮机汽缸、蒸汽室、阀门、三通等多采用铸钢件。对于铸钢件来说，主要有温度不均匀、壁厚不均匀、受力不均匀等特点。要求铸钢件具有如下性能：

（1）具有良好的综合性能；

（2）具有高的蠕变极限和持久强度；

（3）足够的抗热疲劳、抗高温氧化和耐腐蚀性能；

（4）具有良好的铸造性能；

（5）具有良好的高温组织稳定性和可焊性。

二、火力发电厂耐热钢的发展历程

随着电力工业的迅速发展，人们越来认识到提高机组效率的重要性，而提高火电机组锅炉蒸汽温度、压力参数是提高火电厂效率最有效的方法之一，特别是温度对效率的影响更为显著。但是，当锅炉壁温超过 580℃时，一般的珠光体耐热钢的性能均不能满足使用要求，需要使用奥氏体耐热钢 TP304H、TP347H（≤700℃），由于其价格昂贵、导热系数低、热膨胀系数大、存在应力腐蚀等问题，没有能够普遍或大量采用。因此，世界各国从 20 世纪 50 年代末开始，进行了长达 30 多年的试验研究，开发适用于温度参数 580～650℃范围内的锅炉用耐热钢材。

20 世纪 50 年代末，比利时 liege 冶金研究中心研究了“超级 9Cr”钢，其主要合金系为 9Cr-2Mo，并有 Nb、V 等添加剂，材料牌号为 EM12。法国瓦鲁海克公司生产出 EM12 的过热器管。由于该钢材冲击韧性差，后来未得到广泛应用。

20 世纪 60 年代，中国按照前苏联的热强钢系列研究出了钢研 102（12Cr2MoWVTiB），推荐使用温度为 620℃，经长期使用，其使用温度掌握在 600℃以下为宜。

钢研 102（12Cr2MoWVTiB）是一种低合金贝氏体型耐热钢，主要采用钨钼复合固溶强化，钒钛复合弥散强化和微量硼的硬化，在小于 600°C 的工况下该钢具有优良的综合力学性能，抗氧化性能及组织稳定性。该钢种在 620℃时热强性较好，甚至达到某些铬镍奥氏体钢的水平，但抗氧化性能急剧下降，其 3000h 的单位面积增重为 242g/m^2，腐蚀率为 0.15mm/年，故近年来有关资料中已将其最高推荐使用温度由 620℃降为 600℃。

20 世纪 60 年代末，德国研究开发了 12%Cr 钢，F12（X20CrMoV121）钢和 F11（X20CrMoWV121）钢，该钢 1979 年正式纳入 DIN17175 标准中，使用温度为 630～650℃，主要用于壁温达 610℃的过热器、壁温达 650℃的再热器以及壁温为 540～560℃的联箱和蒸汽管道，但其含碳量高，焊接性差。安徽淮南洛河发电厂一期工程 2×300MW 机组工程，以及后来的内蒙古达旗电厂一、二期工程，均采用了该钢材。

20 世纪 70 年代开始，美国橡树岭国家试验室（ORNL）与燃烧工程公司（CE）联合研究用于快速中子增殖反应堆计划的钢材，在早期的 9Cr-1Mo 钢（T9）基础上进行开发研究获得成功，研究开发出一种新的 9Cr-1Mo 钢，这种新的耐热钢综合了早期的 9Cr 和 12Cr 钢的性能，具有良好的焊接性。最后确定为改良型（或称强韧型）9Cr-1Mo 钢，即 T/P91 钢，经试验该钢在 593℃/10 万 h 条件下的持久强度达到 100MPa，韧性也较好，从技术和经济角度分析，这种钢与 EMl2 比，Mo 含量减少一半，Nb、V 也低。

20 世纪 80 年代，美国橡树岭国家试验室进行了对比试验，发现这种改良型 9Cr-1Mo 钢优于 EM12 和 F12 钢。1983 年美国 ASME 认可了这种钢为 T91、P91，即 SA213-T91、SA335-P91。同时，法国、德国通过针对 T91 与 Fl2 和 EM12 的比较评估研究认为 T91、P91 有明显优点，分别强调要从 F12、EM12 转为使用 T91、P91。

20 世纪 90 年代，日本在大量推广 T91、P91 的基础上，发现当使用温度超过 600℃时，T91、P91 已不能满足长期安全运行的要求。因此，日本在开发新的大机组锅炉用钢方面又做了大量的试验研究。开发生产出一批性能更加优越的高等级新型耐热钢材，经过 ASME 标准认可的钢管主要有 SA213-T92（NF616）、SA335-P92（NF616）、SA213-T122（HCM12A）、SA335-P122（HCM12A）。

T/P122（HCM12A）是改进的 12%Cr 钢，添加 2%W、0.07%Nb 和 1%Cu，固溶强化和析出强化的效果都有很大增加，600℃和 650℃的许用应力分别比 X20CrMoV121 提高 113%和 168%，具有更高的热强性和耐蚀性，比已经广泛使用的 F12 钢的焊接性和高温强度有了进一步改善，尤其是由于含 C 量的减少，使焊接冷裂纹敏感性有了极大改善。

改良型或强韧型材料的应用有效降低了管壁厚度，减少了材料的用量并使管系布置条件得到了改善，图 2-1 是采用 P122、P91 和 P22 三种材料的主蒸汽管进行的比较。

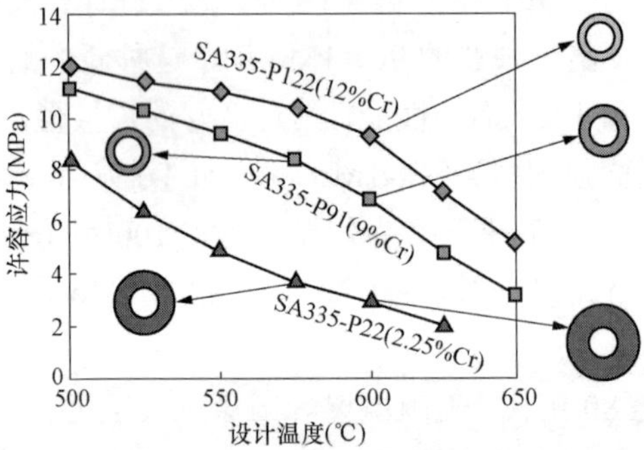

图 2-1 主蒸汽管选用材料的比较

20 世纪 90 年代，日本住友金属株式会社在我国钢研 102（12Cr2MoWVTiB）的基础上，将碳含量从 0.08%～0.15%降低至 0.04%～0.10%、Mo 含量从 0.50%～0.65%降低至 0.05%～0.30%、提高 W 含量从 0.30%～0.55%至 1.45%～1.75%，并形成以 W 为主的 W-Mo 的复合固溶强化，加入微量 Nb 和 N 形成碳氮化物（主要为 VC、VN，$M_{23}C_6$ 和 M_7C_3）进行弥散沉淀强化，而研制成功的低碳低合金贝氏体型耐热钢，后经 ASME 批准，牌号为 T23。加工性能和焊接性能优于钢研 102，在一些情况下可以焊前不预热，当壁厚≤8mm 时，焊后可不热处理。

德国瓦鲁瑞克-曼丽斯曼（V&M）在 T22 钢基础上加入 V、Ti、N、B 等元素，开发了 T24 钢。其具有贝氏体－铁素体的显微组织，在 550℃具有优良的综合性能，10 万 h 持久强度高于 T22，且具有焊接态低硬度特征，其抗氧化性和抗腐蚀性能都能满足长期使用要求。对于壁厚在 8mm 以下的钢管，具有不需要预热和焊后热处理的加工工艺性能，且 HAZ 的最大硬度不会高于 350HV 的优点。1995 年以来，丹麦、德国、法国等各国在超临界和超超临界锅炉的水冷壁部件上均不同程度地使用了 T24 钢管。

至 21 世纪 10 年代，我国开始引进使用 T23、T24 钢，主要用于超超临界锅炉的水冷壁，以解决水冷壁焊接施工焊前预热和焊后热处理带来的变形问题。如 2007 年开工建设的上海漕泾电厂开始使用 T23、T24 钢。经过多台机组的使用，发现采用 T23、T24 钢制成水冷壁的机组，均不同程度地存在水冷壁频繁爆管的质量问题，即便是采用相对严格的工艺措施，甚至全面采用氩弧焊以及接前适当预热、焊后保温缓冷等措施的情况下，依然会在机组多次启停后产生裂纹或泄漏等问题。目前，国内电厂建设已暂时停止使用该类钢材。

HR3C 是日本住友商事株式会社命名的钢材牌号，在日本 JIS 标准中的材料牌号为 SUS310JITB，在 ASME 标准中的材料牌号为 TP310NbN。HR3C 钢是 TP310 耐热钢的改良钢种，通过添加元素铌（Nb）和氮（N）使得它的蠕变断裂强度提高到了 181MPa，由于该钢种的综合性能较 TP300 系列奥氏体钢中的 TP304H、TP321H、TP347H 和 TP316H 的任何一种都更为优良，因此在 TP347H 耐热钢乃至超级不锈钢 Super304H 和 TP347HFG 钢不能满足向火侧抗烟气腐蚀和内壁抗蒸汽氧化的工况下，应选用 HR3C 耐热钢。

Super304H 是 TP304H 的改进型，添加了 3%Cu 和 0.4%Nb 获得了极高的蠕变断裂强度，600～650℃许用应力比 TP304H

高 30%，这一高强度是奥氏体基体中同时产生 NbCrN、Nb（N、C）、$M_{23}C_6$和细的富铜相沉淀强化的结果。运行 2.5 年后的性能试验表明该钢的组织和力学性能稳定，而且价格便宜，是超超临界锅炉过热器、再热器的首选材料。

TP347HFG 钢是通过特定的热加工和热处理工艺得到的超细晶粒奥氏体耐热钢。虽然 TP347H 钢经高温下正常化固溶处理，其许用应力在 18Cr-8Ni 钢中最高，然而高的固溶温度使这种钢产生粗晶粒结构，导致蒸汽侧抗蒸汽氧化能力降低。TP347HFG 是一种既可以采用较低的固溶处理温度，使钢具有较细的晶粒，又具有较高蠕变强度的钢管。它不但有极好的抗蒸汽氧化性能，而且比 TP347H 的许用应力高 20%以上。TP347HFG 钢的应用对降低蒸汽侧氧化是一个有前途的对策，已被广泛应用于超超临界机组锅炉过热器、再热器管。

火电机组效率得益于采用更高的蒸汽参数，而火电机组运行的蒸汽参数又取决于所选用的合金材料的耐高温、高压水平。为了进一步提高发电厂效率、降低能耗和减少污染排放，必须提高超超临界锅炉的蒸汽参数。因此，一些国家和制造商已经公布发展新一代超超临界机组计划。美国、日本、欧洲等国家都在投巨资，对用于超超临界锅炉的高温、高强度合金材料进行开发。将提高蒸汽温度到 700℃，再热器温度 720℃，蒸汽压力将提高到 35～40MPa。这样，有望到 2020 年，实现机组效率达到 50%～55%。

三、新型耐热钢材的品种和应用范围

新型耐热钢，也叫改良型耐热钢，是指在传统型耐热钢的基础上通过多元合金化以及优化制造工艺。采用固溶强化、弥散强化、位错强化、碳化物强化、Laves 相强化等复杂的强化机制生产出来的耐热钢，相比较原来的耐热钢在综合性能上有了跨越式的提高。从 20 世纪 80 年代初面世的 T/P91 钢开始，到后来逐步开发出来的 T/P92（NF616）、T/P122（HCM12A）、T/P23（HCM2S）、T/P24（7CrMoVTiB10-10）、Super304H、HR3C、TP347HFG 等钢材统称为新型耐热钢。

20 世纪 80 年代末，我国开始引进具有优良性能的 T91 钢管代替部分奥氏体 TP304H、TP347H 锅炉钢管，如华能福州电厂 350MW 机组和渭河电厂 300MW 机组，先后将 T91 钢管用于高温过热器、再热器管，至 21 世纪 10 年代，300、600MW 级机组高温过热器、再热器管，也普遍应用了 T91 钢管。

1996 年，原电力部电力规划设计总院管道小组提出“关于我国火电厂主蒸汽管道采用 P91 钢的建议”后，300、600MW 级机组均采用 P91 钢为主蒸汽管道和再热热段管道。以及用于壁温≤600℃的联箱和其他蒸汽管道。

国家“863 计划”的依托工程，2004 年开工建设的华能玉环电厂一期工程 4×1000MW 超超临界机组，确定汽轮机入口蒸汽参数为 26.25MPa、605/603℃，设计使用 T/P92 钢、T/P122、Super304H 和 HR3C 等系列新型耐热钢材。如：锅炉过热器、再热器等选用了 SA213-T92（NF616）、SA213-T122（HCM12A），主蒸汽、再热蒸汽、导汽、高中压旁路等管道和锅炉集箱、连通管道等选用了 SA335-P92（NF616）、SA335-P122（HCM12A）。末级过热器和末级再热器的主要材料为 Super304H 和 HR3C。末级过热器出口联箱采用抗蒸汽氧化性能好的 P122 钢管。此后，在我国的超超临界机组建设中普遍选用了上述钢材。

新型耐热钢主要应用于超临界、超超临界机组。同时，由于新型耐热钢具有优良的综合性能，能够极大地降低管道壁厚和设备重量，以及具有更高的导热性能从而提高了机组效率，有些配置要求较高的亚临界机组中也选用新型耐热钢。如 WB36、T/P91 等，新型耐热钢种类和主要应用范围见表 2-1。

表 2-1　　新型耐热钢种类和主要应用范围

钢种	机组类型	主要设备部件
WB36	超（亚）临界机组	高压给水管道
T91	超（亚）临界机组	过热器、再热器
T92	超（超）临界机组	过热器、再热器
P91	超（亚）临界机组	主蒸汽、再热蒸汽及旁路和导汽管道，过热器、再热器及集箱和连通管等
P92	超（超）临界机组	主蒸汽、再热蒸汽及旁路和导汽管道，过热器、再热器及集箱和连通管等
P122	超（超）临界机组	末级过热器出口联箱
Super304H	超（超）临界机组	末级过热器和末级再热器
HR3C	超（超）临界机组	末级过热器和末级再热器
T23	超（超）临界机组	水冷壁，过热器、再热器管
T24	超（超）临界机组	水冷壁，过热器、再热器管

超（超）临界机组是当今世界火力发电厂的共同发展趋势，锅炉是火电机组的关键设备。超（超）临界锅炉用钢的选择应考虑其能满足工况条件要求的必备性能，如高温许用应力、高温蠕变断裂强度、抗高温疲劳、抗高温腐蚀和抗蒸汽氧化的能力等，同时，还应考虑这些钢材的相关性能，如冷、热加工性能，特别是焊接性能。选择性价比最佳的钢材，降低造价，对加快超（超）临界机组的发展，确保发电设备的安全运行至关重要。

火力发电厂锅炉关键承压部件主要指省煤器、水冷壁、过热器、再热器、联箱及管道等，这些承压部件运行在较为恶劣的工况条件下，是设计选用钢材关注的重要部位。这些部件的服役条件既有相同之处，也有不同的地方，都需要考虑高温蠕变性能，但对于厚壁部件还要考虑到热疲劳性能，换热器管则还需要考虑腐蚀和氧化性能等。

（一）蒸汽管道与联箱

蒸汽管道主要包括主蒸汽、再热蒸汽、导汽等管道，其作用是输送高温、高压过热蒸汽。运行中，蒸汽管道主要承受管内过热蒸汽的温度和压力作用，以及由钢管重量、介质重量、保温材料重量、支撑和悬吊等引起的附加载荷的作用，管壁温度与过热蒸汽温度相近，蒸汽管道是在产生蠕变的条件下工作的。此外，在锅炉启停和变负荷等工况条件下，还要承受周期性变化的载荷和热应力的作用，即还承受低循环疲劳载荷的作用。

由于联箱（末级过热器、末级再热器出口联箱）与管道（主蒸汽、导汽和再热蒸汽管道）布置在炉外，没有烟气加热及腐蚀问题，管壁温度与蒸汽温度相近。两者对材料的要求基本一致，主要是高温蠕变强度和热疲劳性能、抗蒸汽氧化能力等。不同之处是联箱材料的选择需要考虑到与过热器、再热器和出口连接管之间的焊接问题，由于选材的不同通常会是异种钢焊接。这就要求钢材应具有足够高的持久强度、蠕变强度、抗疲劳和抗蒸汽氧化性能，还要具有良好的加工工艺和焊接性能。

由于马氏体耐热钢的热膨胀系数小、导热率高，在较高的启停速率下，不会造成联箱、管道厚壁部件严重的热疲劳损坏，所以马氏体耐热钢是联箱、管道的首选钢材。

随着 SC、USC 锅炉蒸汽温度和压力参数的提高，要求使用热强性高的钢材，这样既可以提高联箱和管道运行的安全性，又可以减少因管壁过厚引起热应力的增加以及给加工工艺带来的困难。所以，SC、USC 锅炉的联箱和管道，当壁温≤600℃时，选用 P91 钢；当壁温≤620℃时，选用 P92、P122 和 E911 钢；当壁温≤650℃时，选用 NF12 和 SAVE12 钢。

最近 20 年来，火电锅炉用钢的工艺技术取得了重大的进步。尤其在耐高温钢材方面，这些新型耐热钢的许用应力是传统的火电锅炉用钢 P22 钢的 2.5～3 倍。P22 钢可用于 565℃以下的主蒸汽管和联箱；P91、HCM12、EM12、HCM9M 和 HT91 钢可用于 593℃的中间温度，P122（HCM12A）、P92（NF616）和 E911 钢适用于 620℃的超超临界机组锅炉，而适用 650℃的超超临界锅炉用钢 NF12、SAVE12 钢仍在研制中。

新型耐热钢的应用还会使成本降低。在给定的温度下，选用许用应力高的钢材，就可以制造比较薄壁的联箱和管道，不仅能降低热应力，还能降低造价。在大约 520℃时，采用 P91 钢的价格比使用 P22 钢低。在大约 550℃以上时，采用 P122 钢价格比使用 P91 钢低。薄壁管所需的焊接熔敷金属量少，节省了焊接材料，且易于安装，制造和安装的价格也相应降低。薄壁管所需要的支吊架用量减少，从而又进一步降低了造价。但是，在选用这些新型耐热钢时，要注意以下问题：

（1）P92、P122、E911 等钢材的高温强度与普通奥氏体钢相当，但抗氧化性能低于奥氏体钢。因此，在选择 9%～12% Cr 新型耐热钢用于高温部件之前，必须充分地进行评估。

（2）先进的 9%～12% Cr 的新型耐热钢焊缝必须要进行焊后热处理，以保证焊接接头应力的降低和最佳的韧性。设计时要尽量减少现场热处理费用，使成本降到最低。

（3）在异种钢焊接中，材料选择必须以焊后热处理温度为基础，须采取措施保证焊缝的蠕变断裂强度。例如：9Cr-1Mo 钢和 1Cr-0.5Mo 钢异种钢接头是不宜选用的。

（4）新型耐热钢焊接时对Ⅳ型裂纹有敏感性。这种裂纹一般发生在焊接热影响区的“细晶区”，致使在长期高温服役时焊接接头热影响区的蠕变断裂强度低于母材。可以通过焊接时严格控制焊接线能量，减少焊接热影响区宽度，产生拘束强化作用。

（二）过热器、再热器

过热器和再热器均布置在锅炉烟温较高的区域，所处的环境条件最为恶劣，所用的钢材除了满足持久强度、蠕变强度要求外，还需要满足管子外壁抗烟气腐蚀及抗飞灰冲蚀性能、管子内壁抗蒸汽氧化性能，并具有良好的冷加工工艺性能和焊接性能。过热器、再热器管的金属壁温比蒸汽温度高出达25～39℃（我国规定为50℃）。

T91、T23、T24、HCM12、EM12、HCM9M和HT91钢管受限于565℃的蒸汽温度；T92、T/P122、E911钢管受限于593℃蒸汽温度。而在有腐蚀的条件下，即使最好的耐热钢管也要受限于565℃的蒸汽温度，此时要选用奥氏体钢管。尽管9Cr钢的抗蠕变能力足以用于593℃，然而其抗蒸汽氧化能力差，故选择T122钢为佳。

奥氏体钢通常分为铬含量低于20%和高于20%两类。以18Cr-8Ni钢为基础，经过改进形成的TP304H、316H、347H都是含铬低于20%的钢。含铬高于20%的高蠕变强度合金钢，如NF707、NF709和HR3C，在温度范围为650～700℃可取代Incoloy800。

向火侧腐蚀是由熔化的钠钾硫酸盐的存在造成的，因为对火侧腐蚀的抵抗力随着铬含量的增加而提高。因此，在有腐蚀的条件下，通常需要使用超过20%Cr的奥氏体钢。

采用含硫量高腐蚀性大的燃煤时，蒸汽温度≥565℃（金属壁温≥593℃）时，过热器、再热器需要选择TP304H、TP321H、TP316H、TP347H奥氏体耐热钢。在SC、USC机组的锅炉过热器、再热器中被大量采用。通过对TP304H钢的进一步合金化而得到细晶Super304H钢和通过特定的热加工和热处理工艺得到的细晶TP347HFG钢，二者蠕变强度高，抗蒸汽氧化性能好，在超临界（SC）、超超临界（USC）锅炉过热器、再热器中得到了广泛的应用。

（三）水冷壁

通常SC、USC锅炉都采用膜式水冷壁。由于膜式水冷壁组件尺寸及结构的特点，使其焊后不可能在炉内进行热处理，故所选用的钢材的焊接性至关重要。要在焊前不预热、焊后不热处理的条件下，满足焊后热影响区硬度不大于 360HV10、焊缝硬度不大于 400HV10 的有关规定，以保证使用的安全性。另外，水冷壁管内介质是液汽两相，管外壁又在炉膛燃烧时煤粉颗粒运动速度最快的区域，积垢导致的管壁温升高和燃烧颗粒冲刷都是选用钢材要考虑的问题。由此可见，水冷壁用钢的开发也是发展 SC、USC 锅炉的技术关键之一。

在普通的超临界机组（25.0MPa、540/540℃或 25.0MPa 540/566℃）中，水冷壁出口的汽水温度约为 420℃，中墙由于炉膛中的热负荷高，其金属温度可达到 450℃，随着服役时间的延长，管子内壁垢层增厚影响传热效率，导致管子温度上升。通常选用 T1、T11、T12 和 13CrMo44 等均可以满足使用条件的要求。

随着 USC 锅炉蒸汽压力、温度的升高，水冷壁温度也会提高，例如在 31MPa/620℃的蒸汽参数下，出口端的汽水温度达 475℃，投运初期中墙温度为 497℃，垢层增后可升至 513℃，热负荷最高区域的管子壁温可达 520℃，瞬间最高温可达 540℃。这就需要合金含量更高，热强性更好的钢材。

为了满足这种高参数锅炉水冷壁用钢的要求，在钢研 102 和 SA213-T22 钢的基础上，开发了两种新的钢材 T23（HCM2S）和 T24（7CrMoVTiB10-10），二者都具有良好的焊接性，在管壁≤8mm、全氩弧焊的条件下，可以焊前不预热，焊后不热处理，焊后焊缝和热影响区的硬度均低于 360HV10。许用金属壁温可达 600℃，是蒸汽温度 620℃以下锅炉水冷壁的最佳用钢。但是，由于开始使用该类钢材的几套机组出现了频繁爆管和泄漏等问题，目前国内已经暂停使用，基本上采用 15CrMo 钢作为超（超）临界机组的水冷壁钢材。

四、新型耐热钢材在我国火电机组应用情况

（一）T/P91 钢在亚临界机组中的应用

P91 钢管在我国部分 300、600MW 级发电厂的应用情况见表 2-2。

表 2-2　P91 钢管在我国部分电厂中的应用情况

电厂	钢管规格 OD（ID）×δ（mm）	钢管长度（m）
鸭河口 2×350MW	OD 727.96×18.44/21.03	256.02
	OD 632.97×30.63	8.53
	OD 632.97×15.77/17.98	84.73
	OD 632.97×15.77	153.61
	OD 609.60×30.94	7.92
	OD 609.60×24.59	74.98
	OD 481.08×44.27	170.07
	OD 385.06×38.28/40.39	101.80
	OD 385.06×35.43	193.23
	OD 297.21×31.19	28.95
丹东 2×350MW	ID 373.41×38.25/41.30	103.02
	ID 263.83×27.64/29.85	209.08
珞璜 2×350MW	ID 390×54	43.4
	ID 390×67	3.1
	ID 390×53	171
	ID 300×42	253.1
聊城 2×600MW	ID 375×44	160
	ID 540×63.3	188
邹县 2×600MW	OD 508×36.02	178
	OD 711.2×20.78	228.6
	OD 711.2×22.43	228.6
湄洲湾 2×300MW	OD 660.4×14.0	9.14
	OD 660.4×20.32	47.55
	OD 762×23.22/25.7	169.46
珠海 2×700MW	ID 699×24.26/26.21	
	ID 699×24.26/26.21	
	ID 699×24.26/28.40	

注　OD 表示外径、ID 表示内径。

亚临界参数（P＝16～19MPa、T＝540/540℃）300、600MW级火电机组，选用P91钢管作为蒸汽管道，实际上没有充分发挥P91钢的耐高温性能，600℃时的P91钢的许用应力为62MPa，故P91钢完全可以用于600℃的蒸汽管道。540℃时P91钢的许用应力（107MPa）大约是P22钢许用应力（54MPa）的2倍，所以在亚临界300、600MW级机组中选用P91钢代替P22钢作为主蒸汽管道，主要是考虑管道壁厚可以减少一半。目前我国火电机组主蒸汽管道选材及规格比较见表2-3。

表2-3　我国火电机组主蒸汽管道选材及规格比较　mm

序号	容量	钢材及规格（电厂）			
		P22（10CrMo910）	15Cr1Mo1V	F12（X20CrMoV121）	SA335-P91
1	142MW		φ377×50（洛阳）		φ323.9×28.6（西固） φ323.9×30（成都）
2	300MW	φ534.7×83.2		φ418×44（姚孟）	φ448.3×40（徐塘）
3	300MW超临界		φ377×70（南京）		
4	350MW亚临界	φ565.8×93（南通）			φ468×44（日照） φ481×44（鸭河口）
5	500MW亚临界			φ520×45（神头） φ324×32	
6	500MW超临界		φ426×80（盘山）		
7	600MW亚临界	φ673×103（平圩）		φ640×70（元宝山）	φ666.6×63.3（聊城）
8	600MW超临界	φ654×136.5（石洞口二厂）			ID419.1×78（沁北） ID304.8×58

续表

序号	容量	钢材及规格（电厂）			
		P22（10CrMo910）	15Cr1Mo1V	F12（X20CrMoV121）	SA335-P91
9	660MW 亚临界				ϕ450×40（邯峰） ϕ616×55.5（德州）
10	800MW 超临界		ϕ465×75（绥中）		
11	900MW 超临界				ϕ425×60（外高桥） ϕ320×45

（二）新型耐热钢在我国超临界机组中的应用

我国已运行多年的超临界机组，如福建漳州后石电厂（6×600MW）、外高桥电厂二期（2×900MW）和华能沁北电厂（2×600MW）应用新型耐热钢的概况见表 2-4。

表 2-4　我国超临界机组应用新型耐热钢概况

部件名称	后石电厂（600MW）	外高桥电厂二期（900MW）	华能沁北电厂（2×600MW）
高温过热器	三级过热器 T12、T22、T91、TP347H	T91	T23、T91
一级屏过	二级过热器 T12、T22、T91、TP347H	T91	低温过热器 T2、T12
二级屏过	一级过热器 T2	T91	T23、T91、TP347H
高温再热器	T12、T22、T91	T91	SA-213T22
低温再热器	SA210-A1、T12、T22	T91、T11、T1	SA-210C 12Cr1MoV
水冷壁	T12	T11、T1	SA213 T2 SA213 T12
省煤器	SA210C	SA106C	SA-210C
主蒸汽管道	P91	P91	P91

续表

部件名称	后石电厂（600MW）	外高桥电厂二期（900MW）	华能沁北电厂（2×600MW）
再热蒸汽管道冷段	A234GB65/CL22	P11	A672B70CL32
再热蒸汽管道热段	SA182GF22	P91	P91
给水管道	SA106C	SA106C	WB36

（三）新型耐热钢在我国1000MW级超超临界机组中的应用

我国1000MW级超超临界（$P=25\sim28$MPa、$T=600/600$℃）机组数十台，据有关资料介绍，采用的新型耐热钢方案有多种，现归纳整理出三种方案（见表2-5），仅供读者参考。

表2-5　新型耐热钢在我国1000MW级超超临界机组中的应用方案

<table>
<tr><th>部件</th><th></th><th colspan="2">方案一</th><th>方案二</th><th colspan="2">方案三</th></tr>
<tr><td rowspan="3">水冷壁</td><td>管圈类型</td><td>螺旋</td><td>垂直</td><td>垂直</td><td colspan="2">垂直</td></tr>
<tr><td>管型</td><td>内螺纹</td><td>光管</td><td>内螺/光管</td><td colspan="2">内螺/光管</td></tr>
<tr><td>材料</td><td>T2</td><td>T12、T2</td><td>T12</td><td colspan="2">T12、T23</td></tr>
<tr><td rowspan="4">过热器</td><td>低温</td><td colspan="2">T12、T22</td><td>T12、T22、TP347H</td><td>包复</td><td>T12、T1a</td></tr>
<tr><td>屏式</td><td colspan="2">HR3C、Super304H</td><td>T22、T91、Super304H、HR3C</td><td>后屏</td><td>T91、HR3C</td></tr>
<tr><td>末级</td><td colspan="2">HR3C、Super304H</td><td>T91、Super304H、HR3C</td><td>分隔屏</td><td>T12、T91</td></tr>
<tr><td></td><td colspan="2"></td><td></td><td>末级</td><td>T91、TP347H、Super304H</td></tr>
</table>

续表

部件		方案一	方案二	方案三
再热器	低温	T2、T1a		
	高温	HR3C、Super304H		
	低再水平段		T22、T12、T1、SA210A1	SA210C、T12、T91
	低再垂直段		TP347H	T91
	末级		T91、Super304H	HR3C、TP347H
主蒸汽		P92	P92	P92
再热热段		P91	P91	P91
再热冷段		A672B70CL32	A691Cr1-1/4CL22	A672B70CL32
高压给水		WB36	WB36	WB36

第二节　新型耐热钢及其焊接

在新型耐热钢研发出来之前，人们对火力发电厂机组用钢的要求往往集中在高温蠕变断裂强度指标方面。即首先要有足够的高温蠕变断裂强度和持久塑性，其次要有良好的高温组织稳定性，再次要有良好的高温抗氧化性，最后是要求良好的加工工艺性。而对常温韧性没有特别明确的要求。在这种意识和思维下，开展火力发电厂用钢的研究开发大多都是遵循固溶强化、析出强化、位错强化的原则和思路进行的，研制出来的耐热钢都随着高温强度的提高其常温塑性和韧性明显降低，这些钢材虽然具有优良的高温性能，但由于塑性、韧性和加工性能都随着强度的提高而变差，不仅给设备、部件加工制作和现场施工带来较大的难度，而且在机组运行过程中的安全稳定性也比较差。

20 世纪 80 年代，在高强度高韧性的 P91（9Cr1MoNbV）等新型耐热钢材出现以后，火力发电厂机组蒸汽参数由 24.1MPa/538/566℃提高到 30.0MPa/566/566℃；20 世纪 90 年代提高到 30.0MPa/593/593℃；21 世纪 10 年代提高到 600/610℃，直至现在的 615/623℃。

对于 T/P91、T/P92、T/P122 等新型耐热钢材来说，最大的难点在于焊缝金属的冲击韧性能否达到设计要求。当时我国电力行业标准《火力发电厂金属材料选用导则》（DL/T 715—2000）规定：钢材在经过 250℃、1h 时效以后，其冲击韧性下降率应不大于 50%，室温最低冲击韧性不得低于 30～35J/cm^2。英国 BS 5500—1976 附录 D 所列的宽板试验和 V 形缺口冲击试验的结果给出对于 $\sigma_b \leqslant 450$MPa 和 $\sigma_b \geqslant 450$MPa 的 V 形缺口冲击功应分别达到 27J 和 40J 才是防止脆性破坏的最低要求。美国电力科学研究院（EPRI）报告建议对燃煤电站来说，V 形缺口冲击功以 41J 作为目标才是可以接受的。ASME 标准要求的冲击韧性为 41J/cm^2。为了保证高温下设备构件运行的安全稳定，除了要求材料具有足够的高温强度，还应该具备足够的常温韧性。常温下的塑性和韧性不仅可以提供较优良的加工性、焊接性，还容易保证构件在加工制作、安装运输、启停检修过程中的完整性。

一、P91 钢及其焊接

1996 年开工建设的天津华能杨柳青电厂三期工程，建设两台 300MW 燃煤供热机组，由天津电力建设公司承担建设施工任务，主蒸汽、再热热段、导汽等管道选用 P91 钢管，为国内首次使用，常温冲击韧性值要求 41J/cm^2，为了克服这一难题，专门成立了攻关组，仅仅是开展焊接工艺评定试验工作就长达近一年的时间，而且仅仅是试验数值勉强能够达到 41J/cm^2 的技术要求，但在实际施工中难于控制。

原电力工业部基建司组织在华能日照电厂召开现场技术协调会，结合我国电力建设实际情况，将冲击韧性暂定为执行我国相关标准的 27J/cm^2。但是，对于中国和欧美地区合作的项目，执行的标准并不一样，他们还是坚持执行 ASME 标准的 41J/cm^2，西北地区某电厂在建设期间曾发生现场抽样检测不合格等一系列问题。某电厂在焊接ϕ323.9×28mm 的 P91 钢管时，采用 350℃的预热，焊接线能量为 60kJ/cm，结果焊缝的冲击值仅为 3.9～19.5J/cm^2。引起了电力行业各级领导和焊接同行对该钢材焊接工作的重视。

从此，国内各电力建设公司和科研院所相继开展了大量的试验研究工作，至千禧年前后，基本上攻克了这一难题。20 世纪末，河北邯峰发电厂一期工程建设两台 660MW 超临界机组，中德合资建设，P91 钢的焊缝金属冲击韧性必须达到 41J/cm^2，该项目在施工过程中委托北京良乡电力建设研究所进行旁站监督。取得了良好的效果。电站焊接专委会西北工作组在渭南还组织了一次技术培训研讨会，对于成熟的技术进行推广。

P91 钢的强化原理是大幅度提高了钢质的纯净度，把杂质含量控制在≤10～15ppm 水平，采用了 Nb、V、N 进行微合金化，同时也明显降低了碳的含量。采用了控轧控冷的（TMCP）成材加工工艺。P91 钢的 A_{c1} 在 800～830℃之间；A_{c3} 在 890～940℃之间。M_s 点大约在 380～400℃的范围内；M_f 点大约在 100～120℃左右。回火温度 750～780℃。P91 钢的含碳和含杂质均很低，焊接冷裂纹敏感性小于 P22 钢，再热裂纹敏感性远低于 2.25Cr-Mo 钢，虽然含有一定量导致热裂敏感性的 Nb，但热裂倾向还是很低的。

对 P91 等新型耐热钢的焊接来说，层间温度应控制在 200～250℃，焊接线能量控制在 25kJ/cm 以下。为了限制线能量除了限制焊接电流外，还提倡通过控制焊道的厚度来控制线能量。可见焊接新型耐热钢时，需要严格限制其预热温度和层间温度不能高于工艺评定规定的温度，过高的预热温度和层间温度有可能使焊缝、热影响区的韧性和接头的高温强度达不到要求。实践证明焊接 P91 厚壁管道时，若把焊道厚度控制在 3mm 内，预热和层间温度保持在 200～250℃的条件下，较容易获得合格的焊缝韧性，反之，过高的预热和层间温度、焊道厚度超过 4mm，焊缝韧性往往极其低劣。这些结果说明焊缝韧性对焊道厚度（焊接线能量以及后焊焊道的加热温度）、预热温度和层间温度都很敏感。

上海外高桥二期工程分别由上海电力安装第一工程公司和安徽电力建设第二工程公司负责工程建筑安装施工建设。主蒸汽管道材质为 SA-335 P91，设计压力为 27.8MPa，设计温度为 547℃。母管规格为 ID400×55mm，支管规格为：ID230×40mm。焊接材料为业主方提供，选择的是德国蒂森的焊丝 C9MV-IG 和焊条 Fox C9MV。焊接坡口为双 V+U 形，预热温度 GTAW：200～230℃，SMAW：220～250℃，层间温度：200～250℃。焊接过程严格控制焊接线能量，焊接层间厚度尽量薄，另外尽量减少摆动。大多数经验表明线能量应控制在 25kJ/cm 以下，实际控制在 20kJ/cm 左右，焊缝厚度不大于焊条直径。实际控制每层增加厚度 2～3mm。焊后热处理（PWHT）对焊缝韧性影响很大，主要取决于：回火参数 P，其表达式：$P=T(\log t+20)10^{-3}$。T 为回火温度（K）；t 为回火时间（h）。试验证明，韧性随着 P 增加而提高，对于 P91 钢，一般控制 $P\approx21$。为了获得完全的马氏体组织，焊接后冷却至 100～120℃保温，上海外高桥二期工程 ALSTOM 公司要求 80℃以下，并允许冷却到室温。考虑到安全因素，实际掌握在 80～100℃。在热处理过程中，严格控制升降温速度 130℃/h，恒温时间 3h。

二、P92 钢及其焊接

P92 钢的 A_{c1} 温度为 800～845℃，A_{c3} 为 900～920℃之间，M_S 温度大约为 370～400℃，M_f 温度大约为 100℃，常温力学性能与 P91 类似，只是 P92 钢的强度比 T/P91 钢略高些。P92 钢具有很高的常温冲击韧性和很低的脆性转变温度，T/P92 钢 0℃时的冲击韧性为 200～250J/cm^2，脆性转变温度在－60℃左右，P92 是一种优良的强韧型的钢材。

2004 年开工建设的华能玉环电厂一期工程 4×1000MW 超超临界机组，确定汽轮机入口蒸汽参数为 26.25MPa、605/603℃，主蒸汽等管道设计使用 P92 钢。浙江火电建设公司和天津电力建设公司分别承担安装施工任务，中国电力科学研究院负责旁站监督。

P91 钢开发应用以后，欧洲和日本开始对 P91 钢进行改进，以提高钢的蠕变断裂强度和使用温度，1996～1998 年开发出 9Cr-0.5Mo-2W 为主要成分的 NF616 和 X10CrMoWVNb9-2，已纳入 ASME 标准，为 SA335-P92。推荐使用温度均为≤625℃。这两种钢与 P91 钢相比，它们的抗腐蚀性和抗氧化性与 P91 钢基本相同，但是，具有更高的高温强度和蠕变性能。加工性能和可焊性更好。使用这种钢材，可以明显减轻锅炉和管道部件的重量。

强韧型新型耐热钢具有共同的冶金特性，其焊接性也有很多共同点。P92 钢的焊接性在很多方面和 P91 钢相似，P92 钢的冷裂纹敏感性比 P91 钢还要低，因此，无论是预热温度，还是层间温度的选择和控制，以及工艺原则和措施都可以参照 P91 钢进行，P91 钢焊接技术可以直接适用于 P92 钢材料上。焊后热处理必须随后尽快进行，并且必须对加热温度进行更加严格的控制，主要是因为 P92 钢比 P91 钢对热处理的温度更加敏感。

中国华能集团公司组织西安热工研究院、浙江火电建设公司、天津电力建设公司等单位，投入研发资金300多万元，联合研究开发应用P92钢焊接工艺技术，获得了丰硕的成果。P92钢与P91钢相比较，综合性能更好。但是，P92钢对焊接热循环温度的敏感性更高，对焊接工艺参数的宽裕度更小，因此，必须严格控制焊前预热温度和层间温度，焊后热处理温度要求更高。

2004～2005年，国电电力建设研究所联合山东电力建设第二工程公司、河北省电力建设第一工程公司、河北省电力建设第二工程公司、江苏省电力建设第一工程公司、河南电力建设第一工程公司等单位，共同开展P92钢焊接工艺试验研究工作，同样获得了成功，并积累了大量的第一手资料，为以后的P92钢焊接施工提供很多可供借鉴的成功焊接经验。

2005年，安徽电力建设第二工程公司委托苏州热工研究院有限公司，并派出焊接工程技术人员与苏州热工研究院有限公司焊接研究所的专业人员，共同组成联合研发组，开展T/P92钢焊接工艺试验研究开发工作，分别选用德国蒂森和美国奥林康两种合金过渡方式的焊接材料，并对比不同焊条直径进行了试验研究。通过研究试验表明，P92钢焊接的关键主要还是在严格控制焊接线能量、焊接层间温度和焊后热处理参数，取得了较好的研究成果。

华能玉环电厂采用多种新型耐热钢，由于P92等新材料对工艺敏感性较强，玉环电厂在焊接和热处理质量控制方面采取了大量措施，制订了严格的企业标准，焊接过程中严格控制根部焊接质量、层间温度及焊接线能量，采用多层多道摆动焊接以及通过精细控制热处理温度范围等方法，焊缝各项试验数值满足设计要求，完成的安装焊口焊缝表面成形良好，焊道均匀，经超声波探伤合格，硬度及金相试验结果符合工艺要求，确保了机组关键部件的安装质量，为国内首台超超临界机组顺利投产奠定了基础，目前机组运行情况良好。

从 2006 年 1 月，玉环工程首只 P92 钢现场安装焊口实施开始，先后制订并执行《华能电厂 P92 钢焊接工艺实施细则》《华能电厂 P91、P92 焊后热处理工艺导则》及《华能电厂 P91、P92 焊接质量检验导则》三个企业标准来规范该工程 P92 钢的焊接和热处理，中国电力科学研究院接受华能玉环电厂建设方委托，对全部 P92 钢焊接接头进行旁站跟踪监督。加强焊接过程控制及热处理温度精确控制，接头硬度均能控制在 230～250HB。

虽然 P92 钢焊接工艺可以与 P91 钢焊接工艺基本相同。但是通过工程焊接实践表明，P92 钢在焊后热处理时对温度参数的敏感性非常高，在随后的上海外高桥三期工程施工中，上海电力建设有限责任公司成功地将 Proheart35 感应加热设备应用在 P92 钢的焊接热处理，获得了较好的效果。随后，浙江火电建设公司、广东火电工程总公司、天津电力建设公司和安徽电力建设第二工程公司等施工企业，也相继购买了该设备，并开始在超超临界火电机组建设中进行焊接热处理应用。

三、T/P122 钢及其焊接

2004 年，T/P122 钢也同样首次应用在华能玉环电厂 4×1000MW 机组工程。T/P122 钢 A_{c1} 为 805℃、A_{c3} 为 904℃，M_S 温度为 350℃。该钢材对 0℃时的冲击值没有规定，但看来它远比 T/P91 和 T/P92 低，而且波动范围大，因此，加工这种钢时需要特别注意。

在各个温度下，T/P122 钢的短时强度比 T/P91 的略高，延伸性也较好，锻件和板材的性能与管材基本一样。T/P122 钢（HCM12A）管子、管道、锻件和板件的各种产品在 600℃和 650℃的蠕变断裂强度几乎没有差别，这种高的强度得益于通过 W 代替部分 Mo 以及加入了微量的 B，抑制了钢的软化及再结晶，从而获得了极好的蠕变强度。

T/P122 钢的 Cr 含量和 F12 钢基本一样，都是 12%左右，但 T/P122 钢的焊接性已有明显的改善，其冷裂纹倾向明显地降低了。对 T/P122 钢的焊接来说，除了要注意如背面氧化、焊接裂纹、焊缝冲击韧性低、时效倾向等问题以外，还要注意防止 δ 相出现。在焊接材料的选择和熔敷金属设计时就需考虑对合金成分作适当的调整。归纳起来：

（1）适当降低 Cr、Mo、W、V 的含量，以降低熔敷金属的 Cr_{eq}。

（2）适当提高 Ni 的含量。成分做这样的调整必将有利于防止 δ 相的出现，也有利于保证足够的焊缝韧性。

在实际应用中应该采用较低的焊接线能量和薄焊道进行焊接。尽管 T/P122 的裂纹敏感性比 F12 低，但是仍应采用预热施焊，实际焊接的预热温度应考虑部件的尺寸和拘束程度，同时，应考虑焊接条件，对于厚壁管道推荐预热温度为 200～300℃。

T/P122 钢焊后进行热处理是必要的，ASME CODE CASE 2180 规定最低的热处理温度为 705℃，热处理参数直接影响焊接接头的性能，一般来说，在 740℃进行热处理基本上可以保证要求的硬度，保温时间依据焊件的厚度而定。ASME 推荐每英寸（25.4mm）至少保温 1h。对于 T122 来说，由于合金含量较高，建议最少的保温时间为 30min。

T/P122 钢的相关资料和焊接工艺介绍，大多来自材料供应商，往往存在数据中的矛盾和差别。这些都说明这种材料作为工程使用还比较少，基本上属于初期阶段，现有的资料不仅数量少，而且还不够完整和严密。

四、T23 钢及其焊接

在普通的超临界机组（参数为 25.0MPa、540/540℃或 25.0MPa、540/566℃）中，水冷壁出口的汽水温度约为 420℃，正常情况下它的金属温度可能达到 450℃，通常选用 T1、T11 和 T12 等均可以满足使用要求。而超超临界（USC）锅炉水冷壁的运行压力和温度都有明显的提高，比如 31MPa/620℃蒸汽参数的 USC 锅炉水冷壁出口端的汽水温度可达 475℃。在投入运行的初期，中墙部位的管壁温度可能在达到 497℃的高温下长期运行，再加上由于管壁形成垢层，管壁温度可能会升至 513℃，而热负荷最高区域的管子壁温和接近出口部分的管壁温度可达 520℃，瞬间最高温度甚至可达 540℃。因此，在亚临界和普通超临界机组中采用的钢材已不能满足要求，需要采用合金含量更高，热强性更好的钢材。

除此以外，这些锅炉的水冷壁大多是膜式壁，由于锅炉容量增大，为了提高效率，希望增大受热面积。为此，需要减小管径，这样就使水冷壁变成为更大更薄的结构。如果仍采用传统的铁素体-贝氏体耐热钢，如 SA213-T12（13CrMo44）和 SA213-T22（10CrMo910），焊后就需要进行焊后热处理。对这样大而薄的平面形构件实施热处理，不仅难度很大，而且构件在受热面后极易产生波浪变形，且这种波浪变形是极难矫正的。因此，从工艺要求出发，需要采用焊接后不需要热处理的钢材来制作。用于超超临界（USC）锅炉水冷壁的材料不仅应该在 550～570℃下具有足够的蠕变断裂强度，而且要求焊前不用预热、焊后不必热处理的焊接性良好的钢材。T23 和 T24 钢就是适应这种要求的材料。

T23 钢是在 T22（2.25Cr-Mo）钢的基础上，通过降低碳含量，把碳含量降低到了 0.04%～0.10%，添加 W（以便加强固溶强化的作用），添加 V、Nb、N、B 等微合金化元素（弥散折出强化作用），减少了 Mo 含量，而获得的材料。除了这些变动以外，T23 钢的 S、P 等杂质含量都被明显地限制和降低了。T23 钢与我国在 20 世纪 60 年代开发的钢 102（12Cr2MoWVTiB）有近似的合金系统和含量。

这样成分的钢材，再经过相应的成材加工和热处理以后具有良好的综合性能，T23 钢在 600℃时的蠕变断裂强度达到 T22 钢的 1.8 倍，能够满足制作超超临界（USC）锅炉水冷壁所需要的一些特殊技术要求。由于该钢材降低了含碳量和杂质含量，使其焊接性能大大提高，对于薄壁管允许焊前不预热，不热处理，焊态下热影响区的最高硬度在 350HV 以下。

T23 钢的焊接性比 T22 钢、钢 102 要优越得多。T23 钢对冷裂纹的敏感性很低，T23 钢无裂纹倾向的预热温度为室温 20℃，而 T22 钢的无裂纹倾向预热温度为 300℃，可见 T23 钢是新型耐热钢中冷裂纹倾向最低的。根据这个结果，焊接薄壁小直径锅炉受热面管，若环境和工件温度在 20℃以上时，就可以不做焊前预热。

T23 钢也是细晶粒强韧型新型耐热钢，也具有焊缝韧性低及对焊接工艺参数敏感的特点，建议尽可能完全采用非熔化极惰性气体保护焊（GTAW）方法来焊接，这样就可以免去对构件进行焊后热处理。T23 钢的再热裂纹敏感性要远高于 T22 钢。好在如果用 T23 钢制造膜式水冷壁等薄壁小直径构件，本来就不希望进行焊后热处理（PWHT）。但在必须对 T23 钢进行焊后热处理时应谨慎小心，尤其是对 T23 钢焊接管座接头进行焊后热处理时更要小心。应尽量防止在进行焊后热处理时存在有附加应力、应该尽可能改善焊趾部位的形状。

T23 钢在我国的工程中应用以后，也暴露出很多问题。在前期开始应用的多套超超临界 1000MW 塔式锅炉机组中，水冷壁垂直段和螺旋段管以及悬吊管采用 T23 钢。水冷壁管的规格 ϕ44.5×7.3mm 和 ϕ38.1×6.5mm 焊接采用 GTAW，悬吊管的规格 ϕ48.3×9～11 焊接采用钨极氩弧焊＋焊条电弧焊（GTAW＋SMAW），焊材采用德国蒂森公司生产的 UnionIP23 焊丝和 ThermanitP23 焊条。

经过对运行中的三台同类型塔式锅炉发现 T23 钢管出现泄

漏的事故，据不完全统计：

某工程甲：水冷壁系统，从启动到投运不长时间内共有17处泄漏。

某工程乙：水冷壁系统，从启动到投运不长时间内共有 7处泄漏。

某工程丙：水冷壁系统，水压、启动期间共有16处泄漏。

泄漏的部位有设备焊口、设备焊缝，刚性梁连接处焊缝，水冷壁管鳍片焊拼缝和个别的安装焊口。其中刚性梁与管子角焊缝和鳍片与管子角焊缝引起泄漏约占80%以上。

从泄漏部位的外观特征看，绝大部分的泄漏点处在与管焊接的焊缝边缘，即热影响区的部位，裂纹由热影响区向焊缝或母材扩展。

通过工程实践证明，T23 钢的焊接性并不像有关资料介绍的那么完美，从暴露的问题中可以看出，对 T23 钢的焊接性还有待进一步的认识，至少在以下诸方面应引起重视：

（1）T23 钢具有明显的再热裂纹倾向。

（2）T23 钢具有一定的冷裂纹倾向。

（3）T23 钢具有较为明显的时效倾向。

（4）焊接环境温度和焊后冷却速度对 T23 钢焊接性能的影响。

很多焊接工作者对 T23 钢焊接工艺研究表明，水冷壁管焊接工艺宜改为：焊接方法 GTAW，火焰加热，预热温度为100～150℃，层间温度 100～300℃，盖面层为多道焊，焊后缓冷。焊前适当加宽预热温度范围和时间以确保焊接区域的预热温度为 100～150℃，在冬季作业环境温度偏低的情况下，预热温度应适当提高。层间及盖面层焊接应严格控制热输入量和层间温度，以提高焊缝的韧性。焊后用保温棉覆盖整个焊缝使焊接接头均匀冷却。

长期以来，施工单位对水冷壁鳍片的切割质量和密封铁件的装配工艺和焊接工艺控制一直不是很重视，工艺执行粗糙。而超超临界机组的水冷壁温度和压力高，水冷壁管鳍片的切割及其密封焊接质量直接影响热传道的作用不容忽视。水冷壁连接的拼缝和与刚性过渡梁之间的铁件焊缝其特点是焊接工作量大，焊缝布置密集有的又交叉重叠，而T23钢对焊接热输入量十分敏感。故必须对密封铁件的焊接工艺和焊接质量提出更高的要求：

水冷壁密封铁件焊应执行分散多点焊接的原则，焊接时宜采用分段焊接工艺，以减少焊接区的热输入量，降低焊接残余应力和减少焊接变形。焊前对焊接区域适当预热，宜采用小直径焊条，与T23管侧的焊缝应无咬边缺陷焊缝应圆滑过渡。环境温度过低时，焊后应采取缓冷措施。在密封嵌条装配前应对切割的鳍片进行打磨去除氧化铁、锈。密封嵌条装配时应与管填实，严格控制装配间隙尺寸以减小焊接时对T23钢管侧的热输入量和焊接缺陷。对所有密封铁件焊缝焊后应打磨并做100%渗透检测（PT）或磁粉检测（MT）检验。

经过多套机组的应用实践证明，水冷壁管采用T23钢投运后引起泄漏原因是复杂的，如果从多角度联合采取措施是可以避免泄漏的。在保证水冷壁管与刚性过渡之间连接的焊缝强度前提下，适当改进设计结构的合理性，尽量减少焊接工作量以减少焊接残余应力和结构的拘束度显得很必要。改进T23钢的焊接工艺，特别需重视对热输入量和焊后冷却速度的控制及焊缝表露的尖角缺陷的控制。水冷壁管鳍片切割质量及密封铁件的焊接质量对USC锅炉水冷壁的热传导作用不容忽视，则必须严格执行密封铁件的焊接工艺。

五、HR3C钢及其焊接

在华能玉环电厂4×1000MW机组工程建设中，首次采用超级不锈钢材料，即细晶粒Super304H钢和高蠕变强度合金钢

HR3C 奥氏体不锈钢。分别代表着铬含量低于 20%和高于 20%两类奥氏体不锈钢材料。Super304H 以 18Cr-8Ni 钢为基础，在经过改进形成的 TP304H 钢基础上经进一步合金化而得到的细晶 Super304H 钢。HR3C 钢属于 25-20 型奥氏体耐热钢，是由日本住友金属株式会社借鉴 18-8 钢强化的经验，以 25-20 钢为基础，在 AISI310 钢的基础上通过添加 Nb 和 N，利用时效过程中析出弥散微细的铌的金属间化合物 NbCrN，Nb 的碳、氮化合物，M23C6 碳化物来进行强化的钢材。

HR3C（25Cr-20Ni-Nb-N）相比较 18-8 系列钢，HR3C 钢的 Cr 含量有了较大的提高，能极有效地增强钢的抗高温腐蚀和高温蒸汽氧化的能力，有利于适应超超临界锅炉蒸汽和烟气的严酷条件，可作为制作蒸汽参数为 620℃、31MPa 的超超临界火电机组锅炉的过热器和再热器的材料，使其具有优良的持久强度。

HR3C 钢是高 Cr、Ni 的奥氏体不锈钢，焊接过程中易出现焊接高温热裂纹：结晶裂纹、高温液化裂纹和高温脆性裂纹。熔融的熔敷金属在凝固结晶过程中，当残留在凝固晶粒间的液体薄膜被收缩应力拉开而又不能用足够的液体金属填充满时，就会形成结晶裂纹，尤其容易发生在焊缝收尾部分和弧坑处。

在焊接热影响区的过热区，焊接的高温加热使该区域母材局部熔化，在冷却凝固过程中，局部熔融的母材金属的晶界也可能出现上述晶间的液体薄膜被拉开而无法填补的现象，导致在热影响区的过热区形成裂纹，这种裂纹称为高温液化裂纹。高温液化裂纹发生在热影响区的母材过热区中，在多层多道焊情况下，也可能发生在焊缝的焊层间和焊道间的热影响区中。

在焊接热影响区的过热区，材料虽未局部熔融，但在高温下也可能在应力作用下，由于塑性不足而产生裂纹，从而形成高温脆性裂纹。P 元素含量会对焊缝的结晶裂纹及热影响区的高温脆性裂纹有明显影响，把 P 含量控制在 0.005%以下才能将热影响区的裂纹率降到零。

从 HR3C 钢的焊接性分析和焊接接头耐腐蚀性能分析可知，HR3C 钢焊接过程中主要是注意防止焊接热裂纹，避免接头在焊接和应用过程中发生应力腐蚀，以及避免焊接接头的脆化。三种问题的解决方法是一致的，主要是从两方面解决，第一方面是选择合适的焊接材料，保证熔敷金属中除了必要的合金元素含量达到要求外，还要重点控制 C、S、P 等的含量，也就是说 HR3C 钢焊接应选择匹配的焊接材料或选用杂质元素含量低的镍基焊接材料，本次焊接工艺试验选用杂质含量低的镍基焊接材料。第二方面就是制定合理的焊接工艺，保证焊接过程中较低的热输入量，具体方法就是选用手工钨极氩弧焊（GTAW），并采取一定的措施降低施焊接过程中的层间温度。

（一）HR3C 钢焊接工艺条件

（1）试验用母材为 HR3C 钢管，规格：$\phi51\times9.0$mm。坡口为单 V 形，加工如图 2-2 所示，单节管长 100mm，共加工 12 节。

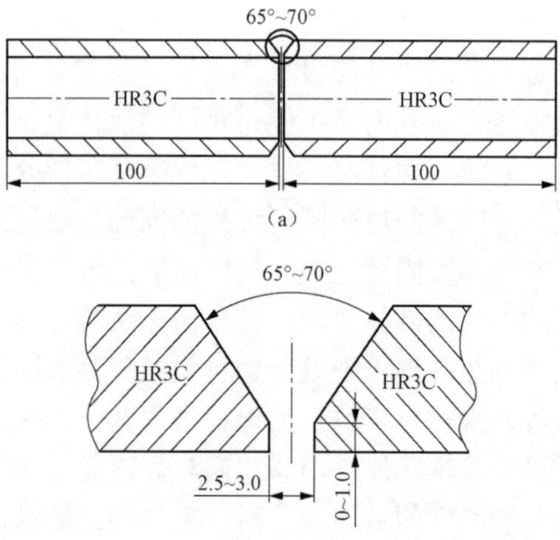

图 2-2 管件整体形状及坡口尺寸（单位：mm）

（a）整体形状；（b）坡口尺寸

（2）焊接方法选用 GTAW，氩气保护气的纯度不小于 99.99%。

（3）焊接材料选用两种进口镍基焊丝，一种为 THERMANT NICRO 82（AWS ERNiCr-3），另一种为 ARCOS 625（AWS ERNiCrMo-3），规格均为ϕ2.4mm。

（4）焊接位置选用 6G。

（5）焊接工艺参数：HR3C 钢焊接过程中应控制焊接线能量，1～2 层焊接线能量应控制在 8～9kJ/cm，其余各层焊接线能量控制在 9～10kJ/cm。焊接工艺参数见表 2-6。

表 2-6　焊接工艺参数

焊接电流（A）	电弧电压（V）	层间温度（℃）	焊接速度（mm/min）	层号	焊道数	层厚（mm）
80～90	10～12	≤100	60～70	1	1 道	≤3.0
80～90	10～12		70～80	2	1 道	≤2.4
85～100	10～12		60～80	3	3 道	≤2.4

（二）焊前准备与操作工艺

（1）焊前坡口及内外壁两侧 15～20mm 打磨至露出金属光泽，清理坡口、焊缝的工具必须使用 18-8 不锈钢材料，必要时采用丙酮将坡口处清洗干净后再施焊。试件对口错边量≤0.5mm，对口间隙见图 2-2（b）。焊丝用砂纸除去表面的油、氧化物等露出金属光泽。

（2）点固前制备气室，进行施焊过程的管内充氩气保护，具体方法可用易拆装、并带有出气孔的封头封住一侧，另一侧采用带有输送气体导管的封头堵塞，坡口处用石棉绳缠绕。

（3）点固焊直接在坡口根部进行，点固焊焊缝长 10～15mm 左右，点固 1 处。点固焊选用与正常焊接相同的焊丝及工艺施焊，焊接电流宜增大 5～10A。

（4）施焊开始前 5min 管内充氩，流量为 7～12L/min，开始时流量略大一些。

（5）采用多层多道焊，短道或间断焊的施焊方法，施焊过程中保持层间温度≤100℃。

（6）每焊完一层（道），检查中间接头、坡口边缘及收弧位置，确认无裂纹等缺陷后再焊下一层（道）。施焊结束和中间收弧要慢，并将弧坑填满，延续送氩气 10s 冷却收弧位置。

（三）工程焊接情况

安徽铜陵发电厂五期工程 5 号机组，为 1000MW 超超临界发电机组，由安徽电力建设第二工程公司承担安装施工任务，锅炉的一级过热器和二级过热器上，共有 HR3C 钢焊口 198 只，其中一级过热器 66 只，规格为ϕ48×9.5mm；二级过热器 132 只，规格为ϕ60×4.2mm。根据本次焊接工艺试验的综合试验结果和分析结论，焊接优选了 ERCrNi-3 镍基焊丝作为填充材料，焊丝规格为ϕ2.4mm。按照焊接工艺试验研究成果制定的焊接工艺进行焊接施工，严格控制层间温度和各项工艺参数，焊口经外观检查和射线探伤，焊接质量 100%合格。

从工程焊口焊接完成到机组整套启动前，焊接接头经长达约 5000h 的常温时效，以及自 2011 年 5 月该机组投入运行以来，经过约 3000h 的高温时效，判断该批焊接接头的各项性能已经达到了稳定状态。在机组的例行检修过程中，一级过热器和二级过热器的 HR3C 钢焊接接头未发现任何质量问题。目前，该机组运行正常稳定。

六、Super304H 钢及其焊接

为了提高热效率、降低发电成本，需要提高锅炉蒸汽温度和压力，需要开发具有更优良的高温强度、抗氧化且经济型的材料用于锅炉部件。Super304H 钢就是在此背景下，由日本住友金属株式会社和三菱重工在 ASME SA-213TP304H 的基础上，通过降低 Mn 含量上限，加入约 3%的 Cu、约 0.45%的 Nb

和一定量的N，使该钢在服役时产生微细弥散、沉淀于奥氏体内的富铜相，并与其互相密合。该富铜相与NbC、NbN、NbCrN和 M23C6 一起产生极佳的强化作用，而开发得到很高许用应力的一种新的经济型18-8奥氏体不锈钢。这种钢不含Mo、W等贵重元素，而许用应力比常用的ASME SA-213TP347H钢高约20%，700℃条件下许用应力仍能达49MPa，主要用于超（超）临界锅炉的过热器和再热器，能有效减薄钢管壁厚、降低锅炉制造成本。Super304H 钢在国外电站锅炉的过热器和再热器上的应用已超过10年，显示出良好的综合性能。

（一）Super304H钢焊接特性

焊接Cr、Ni奥氏体钢容易出现结晶裂纹、液化裂纹和脆性裂纹。结晶裂纹通常出现在焊缝中，尤其容易发生在焊缝收尾部分和弧坑处，后两种裂纹主要出现在热影响区的过热区，而液化裂纹也可能发生在多层多道焊缝中的焊层间和焊道间的热影响区中。

1. 晶间腐蚀

晶间腐蚀是奥氏体耐热钢一种极其危险的破坏形式。它的特点是沿晶界开始腐蚀时表面上一般不容易发觉，但它使承压管道焊接接头的力学性能显著下降了，因而易发生早期破坏。根据“碳化物析出造成晶间贫铬”理论，在450～850℃范围内，C和Cr易在奥氏体晶粒边界处形成碳化铬，使得晶粒边界处局部贫铬。晶界处的含 Cr 量当降低到小于 12%时，钢材会丧失耐腐蚀性能。

另外，Fe-Cr 合金在 400～550℃环境中长期加热时，会产生一种特殊的脆性，硬度显著提高，冲击韧性严重下降。此情况称为 475℃脆性。而在实际焊接过程中经过测量发现，焊接接头往往是在温度区间400～550℃内停留的时间最长，所以对475℃脆性需要多加关注。

2. 应力腐蚀裂纹

应力腐蚀裂纹（SCC）是应力和腐蚀联合作用引起的一种低应力脆性裂纹。奥氏体不锈钢线膨胀系数大，导热性差，在结构复杂、刚度较大的情况下，焊接变形受到约束，焊后构件特别是焊接接头会存在较大的焊接残余应力，而奥氏体耐热钢的组织特征和腐蚀介质的存在，满足了产生 SCC 的充要条件，从而使奥氏体不锈钢产生应力腐蚀裂纹 SCC 的倾向较大。

奥氏体耐热钢的 SCC 有晶间、晶内和晶间/晶内混合等 3 种形式，但是以晶间 SCC 最常见。Super304H 的应力腐蚀敏感性与 TP304H 接近，TP347HFG 和 HR3C 等敏感性稍低，所以在工程焊接中应避免强制对口。

3. 热裂纹

热裂纹主要有结晶裂纹和液化裂纹两种形式。结晶裂纹是在结晶后期，由于低熔点共晶形成的液态薄膜削弱了晶粒间的联系，在拉应力作用下发生开裂的裂纹；液化裂纹是指近缝区或多层间部位在热循环的作用下被金属重新熔化，在拉伸力的作用下沿奥氏体晶界开裂的裂纹。现有的研究表明，Super304H 和 TP347HFG 的热裂纹敏感性低于常规的 TP347H。

从上述 Super304H 钢的焊接性分析和焊接接头耐腐蚀性能分析可知，Super304H 钢焊接过程中主要是注意防止焊接高温热裂纹，避免接头在焊接和应用过程中发生应力腐蚀。三种问题的解决方法是一致的，主要是从两方面解决，第一方面是选择合适的焊接材料，其熔敷金属中除了要求必要的合金元素含量达到要求外，重要的是控制部分元素如 C、S、P 等的含量，也就是说 Super304H 钢焊接应选择匹配的焊接材料或选用杂质元素含量低的镍基焊接材料。第二方面就是制定合理的焊接工艺，制定的原则是保证焊接过程中较低的热输入量，具体方法就是选用手工钨极氩弧焊（TIG）焊接方法，控制较低的焊接热输入量，并采取一定措施降低施焊过程中的层间温度。

表 2-7 列出了 Super304H 钢的化学成分范围，对 C、S、P 控制可保证正常施焊，对 Si、Mn 的控制可控制 δ 相的析出，对 Ni、N 含量的控制可抑制 δ 相析出、有利于避免恶化韧性，固溶的 N 和非常细小且稳定的金属间化合物 NbCrN 可有效提高钢的强度，固溶状态的 Ni 和 N 可稳定组织。

表 2-7　　Super304H 钢的化学成分（wt%）

C	Cr	Ni	Nb	N	Si	Mn	P	S
0.07～0.13	17.00～19.00	7.5～10.5	0.20～0.60	0.05～0.12	≤0.03	≤1.00	≤0.040	≤0.010

Super304H 钢焊接接头在焊接和运行过程中易出现的焊接裂纹、接头腐蚀和接头脆化等现象除了与焊接工艺有密切关系外，主要是焊接材料的选择，熔敷金属应选择与母材成分相同且杂质含量低或镍基焊接材料。Super304H 钢的匹配焊接材料国外已研发并应用，国内尚未见国产化或进行相关研究的报道，因此，寻找可以替代的焊接材料不论从应用安全性还是从经济上考虑都是必要的。

镍基焊接材料在新型奥氏体不锈钢焊接中得到了研究和应用，特别是在奥氏体和铁素体异种钢的焊接中得到广泛的认可和应用，如 Super304H 与 T91、HR3C 与 T91 钢等。金属中主要合金元素 Cr、Ni 的含量对金属抗氧化性能和抗腐蚀性能起主要作用，Inconel82 焊丝成分中 Cr 含量与 Super304H 的相当，Inconel625 焊丝化学成分中的 Cr 含量超过了 Super304H 母材的含量。而 Super304H 钢本身出于经济的考虑未加入 Mo 等昂贵金属进行强化，而是加入 Cu 以在奥氏体基体上生成连续细的富 Cu 相进行沉淀强化来改善其蠕变断裂强度的。两种镍基焊材中 Inconel625 焊丝含有 8%～10%的 Mo 元素，该元素的加入可提高焊缝金属的蠕变断裂强度，但是 Mo 元素本身对接头性能也有不利的一面，会增加形成 δ 相的倾向。镍基焊接材料中

Ni 含量远远超过 Super304H 中的含量，对于焊缝金属，镍含量的增加会增加成本，但可有效控制 δ 相的沉积。

因此理论上分析，上述两种镍基焊材是可以应用于 Super304H 钢焊接的。镍基焊接材料焊接工艺性好，形成的焊缝金属杂质含量低等优点也为在 Super304H 钢的焊接应用试验提供了良好的基础。

（二）Super304H 钢焊接工艺条件

（1）坡口加工。母材为 Super304H 钢管，规格：$\phi45\times7.1$mm。坡口加工见图 2-3。

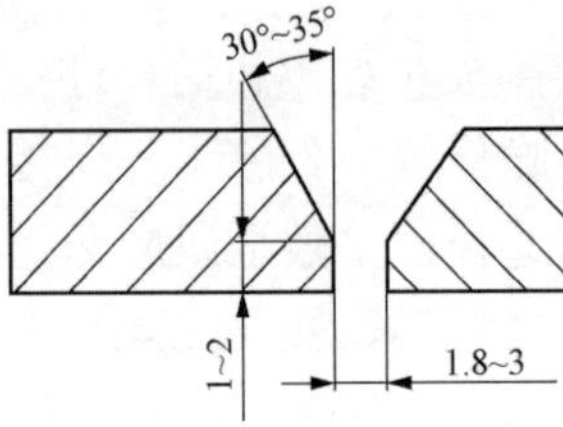

图 2-3　坡口形状及尺寸（单位：mm）

（2）焊接方法。选用 TIG 焊接方法，氩气保护气的纯度不小于 99.99%。

（3）焊接材料。选用与母材匹配的进口焊接材料 ER304H，规格均为 $\phi2.4$mm。

（4）焊接位置。试验选用 6G 焊接位置进行评定。

（5）焊接工艺参数，见表 2-8。

表 2-8　Super304H 钢焊接工艺参数

焊材型号	规格	电流（A）	电压（V）	焊接速度（mm/min）	正面保护氩气流量（L/min）	背面保护氩气流量（L/min）	焊层厚度
ER304H	$\phi2.4$	70～100	10～13	30～70	8～10	9～12	打底层≤3mm 其余焊层（道）≤2.4mm

（三）Super304H 钢焊接操作技术

焊工焊前应进行操作练习，以掌握焊材、母材和焊机的性能。焊前打磨坡口及附近内外壁 15～20mm 见金属光泽。焊前焊丝牌号、规格经确认后用砂纸除去表面和端头油、氧化物等脏物见金属光泽，妥善放置防止再次污染。

点固焊直接在坡口根部进行，点固焊焊缝长 10～15mm 左右，点固 1 处。点固焊选用与正常焊接相同的焊丝及工艺施焊。点固前制备气室，进行施焊过程的管内充氩气保护，具体方法可用易拆装、并带有出气孔的封头封住一侧，另一侧采用带有输送气体导管的封头堵塞，坡口处用石棉绳缠绕。施焊开始前 5min 管内充氩，开始时流量宜加大一些，待正常施焊开始时恢复正常通气 9～12L/min。

尽量采用多层多道焊。施焊过程中保持层间温度≤100℃，可采取短道焊或间断焊的施焊方法，或（且）采取一定措施加速焊缝区冷却。每焊完一层（道），目视检查中间接头、坡口边缘及收弧位置，确认无裂纹等缺陷后再施焊下一层（道）。施焊结束和中间断弧前收弧要慢，应将弧坑填满，氩弧焊熄弧后延续送氩气 10s 冷却收弧位置。

第三章

热处理设备和工艺的应用及发展

高洁安

一、概述

三年恢复期间，由于新建或扩建火电厂的容量小，参数低，采用的钢种单一，大多数为碳素钢，管径小管壁薄，焊后热处理工作量少。

20 世纪 50 年代后期所承建的高温高压电厂，单机容量仅限于 25、50MW，钢种也只有低合金钢，合金钢的焊口数量很少。当时锅炉小口径合金钢焊缝的热处理采用火焰加热方法，大径管采用火焰加热及电阻丝加热或工频热处理。因从民主德国进口的设备锅炉小径管焊后热处理不允许采用氧、乙炔火焰加热方法，要求用电阻炉或煤气炉加热热处理，为此，对小径管的热处理在一些工程中开始采用自制电阻炉，替代火焰加热进行热处理，其温度测量也由于过去的测温笔或毫伏计指示仪改为温度指示仪，手工记录并绘制热处理工艺曲线。

20 世纪 60 年代，个别施工单位自制遥测记录表计，能够直接记录热处理曲线。对小径管热处理的电阻丝加热，因其加热膨胀，易产生与管道短路和烧损，开始改为用硅碳棒作为加热元件。

20 世纪 70 年代，大直径管道的焊缝所用工频感应加热的铜导线或固定式铜板，改为铝制结构，它不仅重量轻、成本低、易加工，而且节省了大量的铜材。随着单机容量增至 300MW

和管道壁厚的增加，从 1977 年开始，对大口径焊接接头的预热和热处理，由过去的工频电源改为 100kVA 的中频电源，大大提高了焊接接头热处理的效率。在陕西省渭河、秦岭和江苏谏壁及上海吴泾等电厂工程中，在对锅炉高温过热器等合金钢小径管热处理中，曾对电力建设科研所研试成功的“铝热热处理科研成果”在工程中进行过实际应用。但因铝热剂热处理工艺成本高，使用时既不安全，又污染环境，因此，这种热处理工艺在火电建设工程上仅昙花一现。

20 世纪 80 年代随着高温高压焊接三通推广应用，有的工程对焊接三通进行热处理，采用定型制成的扇形铝板线圈，解决了支、母管之间加热温度不均的难题。1987 年开始采用远红外加热元件柔性陶瓷电阻加热器，并制成绳状、指状、履带加热器等多种形式，DWK 系列电脑温控设备由江苏吴江电热电器厂研制成功，经过江苏省电力建设第三工程公司在南通火电工程试用并多次改进后，开始在火电建设施工企业中推广。1990 年，在苏州召开的电力工业焊接会议上，推广应用了这一热处理技术。

20 世纪 90 年代后，计算机技术的快速发展和控制技术的进步，为热处理温度控制系统的发展提供了宽广的技术平台。在电脑温度控制系统中，调节方法已远远超过了基本的 PID 调节，这一过程已完全由软件自动解决，普遍采用了复杂的混合算法，来提高系统的控温精度和稳定性。计算机温度控制系统抗干扰能力强，运算速度快，实时性强，可编程，功能多且易扩展，控温精度高，操作简便。日益受到工程技术人员的欢迎。

计算机在焊接热处理温度控制系统中的应用有单板机和系统机两种，就使用性能而言，均可充分满足热处理工艺上的要求，但系统机人机对话方便，操作更简单，扩展功能更强大，使用更灵活。

与传统的温度控制系统相比，计算机温控系统功能的实现，已经不只是靠硬件来完成了，而是依靠软件来完成。如参数整定、程序滤波、温度—热电势的线性化。调节系统依靠复杂的混合算法、模糊控制、控制算法等。显示系统使用计算机显示器等。温度控制系统主要机构进展见图 3-1。

表 3-1　　温度控制系统主要机构进展

显示调节机构	比较机构	执行机构
动圈式仪表 PID 型显示调节仪 数字式显示调节仪	谐振电路 比较电路 计算机 CPU	继电器 继电器，晶闸管 晶闸管，固态继电器

进入 21 世纪后，我国的电力工业更是进入了快速发展时期。超临界 600MW 及以上机组，超超临界机组的上马，以 T/P91 为代表的火电厂新型耐热钢的出现，采用 DL/T819-2002 规程的加热宽度已不能保证焊接接头的热处理质量。采用美国进口的 Preheat 35 型电感应加热设备进行热处理，并辅以电阻加热可解决焊接接头热处理质量（上海电力建设有限责任公司外高桥三期应用）该设备在浙江宁海电厂进行了工艺试验，并在火电建设施工中开始推广应用。该设备采用水冷电缆，感应线圈和设备之间距离短是最大的不足。

2005 年天津电力建设公司，根据浙江玉环电厂 1000MW 机组建设中采用柔性陶瓷电阻加热的经验和问题，通过对柔性陶瓷电阻加热宽度的改进，解决了焊接接头热处理质量不合格问题。

考虑到 DL/T 819—2002 规程对高合金铁素体耐热钢的不适用性，2010 年对 DL/T 819—2002 规程进行修订，基本解决了热处理工艺问题。2014 年江苏某热处理设备厂生产的中频感应＋电阻加热热处理装置，采用普通铜线制造感应线圈，功率可达到 100kW 以上，该设备解决了高合金钢及异形焊接接头热处理问题，已在多个火电建设施工企业中应用。

二、热处理设备

（一）火焰加热装置

火焰加热是一种使用较早的、原始的加热方法，由于他的设备简单、投资少、现场供气方便、生产成本低，适用于各种形式大小工件加热，现在不少生产企业仍广泛使用。但这种加热装置在火电建设工程中，仅作为小径薄壁合金钢管焊前预热用、焊后热处理基本不采用了。

火焰加热所有气体燃料，有城市煤气、天然气、甲烷、丙烷及乙炔等，其中由于乙炔热值及火焰温度高，是最常用的。

一般常用的氧—乙炔手工气焊炬，仅作为加热面积较小的加热工具，对加热面积较大的多采用特制的火焰加热器。例如对管道焊缝、制成环形火焰加热器，其加热效率可显著提高，有的火焰加热器还设有水冷结构，因而能避免外界辐射热的影响，保持混合气体的供气稳定。

火焰加热的特点是：火焰直接喷射到需加热的区域，升温快、温度高，而在附近的热扩散区域则加热较慢，当用气焊炬作为加热工具时，需不停摆动火焰，使温度均匀化。

（二）感应加热装置

感应加热具有加热速度快、易控制、生产率高，焊缝加热区域不易氧化、脱碳少、工件变形小、劳动条件好、无污染和易实现机械化、自动化等一系列优点，在一个时期被广泛应用。感应加热装置根据电源频率不同，分为超高频、高频、超音频、中频、工频感应加热装置。

感应加热是磁性钢材在变磁场中产生感应电势，因涡流和磁滞作用使钢材发热。管道焊缝感应加热是将焊缝放在感应线圈里，当加热温度未超过居里点时，靠涡流及磁滞作用使钢管发热；若加热温度超过居里点时，钢管成为非磁性材料，这时只有涡流的作业，它们所产生的热量都与交变磁场的频率有关，频率越高，涡流与磁滞越大，加热作用越强。按已知理论，频率越高集肤效应越强，即其热量趋于钢管表面，造成钢管内外壁温差增大，这对厚壁管道焊缝的热处理是不利的。因此，一般认为频率的提高应受到一定的限制。但是，国外一些先进厂家已突破了这一限制，2007 年上海电力建设有限责任公司，从美国米勒公司购置的 ProHeat35 热处理设备，其频率为 10～50kHz，该设备在国外属于预热设备，当对高合金钢进行热处理时，当温度达到 740℃后，随设备功率的降低，温度基本维持不变，很难达到规定的预热温度，需要采用柔性陶瓷电阻加热器进行辅助加热才能满足恒温温度要求，所以该设备在中国一年后就较难推广。2014 年江苏某热处理设备厂生产的中频感应＋电阻加热热处理装置，采用普通铜线制造感应线圈，干冷加热，功率可达到 100kW。该设备由生产厂家和天津电力建设公司对集箱角焊缝的热处理进行了试验，试验证明随着加热温度的升高，设备频率和功率也逐步增加，到达恒温温度后集箱温度和集箱角焊缝温度是一致的，没有产生误差，该设备现在全国得到广泛应用，尤其在对高合金大径厚壁管的热处理效果更为明显，是现阶段处理异形结构和高合金大径厚壁管的理想设备。

1. 工频感应加热装置

在火力发电厂工程中管道焊缝的热处理，因工频感应加热设备简单，早期曾大量采用，但是与中频感应加热比较，它的加热频率较低，耗电量大，温度超过居里点后升温困难，而且还有剩磁。

工频感应加热的优点是设备简单、投资少，输出功率大，可达几千瓦，整机效率还可达 70%左右，涡流穿透深（钢失磁后可达 70mm），故用于透热加热，加热温度均匀，不易过热、整改加热过程易于控制，工频用的电器元件供应较广泛。缺点是加热速度慢，零件的功率吸收因子小、功率因数低。工频感应加热的工作电流很大，一般都在1000A以上，因此，采用专门制作的变压器，其输出电压应小于100V，也可用多台电焊机并联使用。

EX-500型交流电焊机的结构紧凑，散热条件好、搬运方便。EX-500型交流电焊机如作为专用热处理电源，以2～3台并联作为工频感应加热电源较好。应用时最好进行改装，把空载电压提高到90～100V，电抗线圈拆除（因为热处理时电源不需要具有陡降外特性，电抗线圈的存在，只是消耗电能）。这样的做法在火电建设焊接热处理工作中，曾经大规模地采用，例如1959年上海吴泾热电厂在安装苏联引进的50MW高温高压机组时，对大、中径管焊缝的热处理，曾全部采用工频感应加热方法。

热处理用电是连续、长时间的，电焊机的电流不能调节到最大，只能按铭牌上所规定的暂载率为100%时允许使用的电流选用。

2. 中频感应加热装置

中频感应加热是将50Hz工频电流变为500～10000Hz频率电源，此频率范围属于声波，一般称作为中频。

能发生中频电源的变频装置有电磁式倍频器、机式变频装置，晶闸管变频装置及离子管变频装置。

火电建设各施工企业，所采用的中频电源一般都是晶闸管式，它是20世纪60年度后期的产品，当时国外已生产0.5～30kHz、功率100～20000kW的晶闸管变频装置，并开始向高频范围发展。我国70年代初已研制成功0.5～10kHz、功率100～300kW半导体变频装置，之后又生产了最高频率为10kHz、最大功率为1000kW晶闸管变频装置供应市场，这种晶闸管变频装置的特点是：设备效率可达90%～95%（而电子管式变频装置仅为50%～75%，机式变频装置也只有70%～85%），体积小、重量轻；占地面积小、搬运方便；无需单独机房；无旋转部件、运行无噪声、维护简单；启动方便（不像电子管灯丝要预热及机式变频不能连续多次启动）；便于实现自动控制，并可根据负载的需要在较大范围内调节频率；原材料省，生产制造容易，设备成本大大降低。其缺点是：由于半导体晶闸管当时生产质量不够稳定，耐过电流、过电压能力比机式变频机差，使用中易损坏，没有机式变频机可靠，要求维护电工技术水平高，随着晶闸管制造水平及逆变电路技术水平的提高，加之原电力部举办若干期中频电源维护培训班，提高了电工的技术水平，这种以变频装置代替机式中频发电机已是大势所趋。

中频电源定型产品生产尚不多，但价格昂贵。20 世纪 70 年代初每台约 6 万元左右，为此，不少火电安装企业，根据工程需要自己制造。如上海电力安装第一工程公司，曾用两台 500 型直流电焊机串联作为主电源，经逆变后成单项中频交流电，获得 30kV、1000Hz 的中频电源，可对 ϕ426×50mm 管子进行热处理，导线截面积 90mm^2，感应线圈 11 匝，直接输入电压 120V，其电流为 350A，一个小时升温到 750℃，在 380V 网络上其电流为 60～70A，仅是工频热处理时电流的 1/3。曾在江苏望亭国产首台 300MW 燃油机组过程中应用。但这种热处理装置搬运不方便，设备操作较复杂。研制人员能够使用和维护，但未能推广使用。

20 世纪 70 年代到 80 年代初，火电建设常用的感应加热装置见表 3-2。

表 3-2　感应加热装置

设备名称	型号	规格	
		功率（kW）	频率（Hz）
中频设备	DGF-C-102	100	2500
	DGF-200/2.5	200	2500
	DGF-C-252	250	2500

续表

设备名称	型号	规格	
		功率（kW）	频率（Hz）
中频设备	DGF-C108	100	8000
	DGC-250/1	250	1000
晶闸管变频机		100～500	500～8000
工频设备		50～2000	50

3. 加热工具

感应加热圈一般有两种形式：一种是将软裸铜线，直接绕在已被保温包住的管子焊缝上，另一种是由两组半圆铜或铝排组成的组合式感应线圈。

（三）电阻加热装置

电阻炉是早期广泛采用过的加热装置之一，它的加热效率不及感应加热，但其结构简单、使用方便。电阻炉的发热元件多采用电阻丝、电阻片或硅碳棒，施工现场大都是自制而成，早在20世纪50年代后期已经在不少工程中应用，一般采用隔热耐火砖（又称轻质耐火砖）制成加热炉壳体，其特点是：体积密度小、比热容低、热导率低，故炉体热效率高、重量轻。但它的常温耐压强度较低，为了提高使用率，有的施工企业在炉壳体外多用铁皮或铝皮加以保护，以防损坏。

加热炉内设置的电阻丝一般使用镍铬合金，如0Cr23Ni13和0Cr25Ni20等，镍铬合金在空气中加热后，表面形成一层较硬的Cr2O3保护膜并紧附在合金机体上，其熔点比合金机体高，能经受交替性的加热和冷却。它的抗腐蚀性强，高温时力学性能好，常温时易于加热和焊接。另外其电阻率大，电阻温度系数小，功率稳定，最高使用温度可达1100℃，但镍铬合金在空气中经长期加热，氧化膜逐渐增厚，当电热元件截面积减小20%就应更换，如果敷设不当，加热膨胀易于工件短路，故使用寿命不长。于是采用了硅碳棒作为加热元件，硅碳棒使用寿命远较电阻丝和电阻片长，且其热量有相当大一部分是以红外线形式向焊件辐射，故加热效率比电阻丝和电阻片要高，这种加热装置在20世纪50年代中期以后，在电站工程中逐渐推广使用。

硅碳棒电热元件有棒状和管状两种形式，现场使用的大都为棒状，它是碳化硅再结晶制品，其熔点为2227℃，硬度大、较脆、耐高温、变形小、耐急冷急热性能好、有良好的化学稳定性，有较大的电阻系数，炉温在1400℃时可连续工作2000h左右，使用过程中，在650℃左右时在空气中开始氧化，且易老化使电阻变大。

硅碳棒电阻元件多采用端头加粗式，他有标准产品，根据炉温、安装功率和炉膛尺寸，即可计算出电热元件所需的根数和通过元件的电流、电压值。由于硅碳棒电热元件可处于水平或垂直安装，不受焊缝位置的限制，故在小径管焊后热处理被广泛采用。

上述电阻炉只需稍加改进，即增加红外线辐射源即可成为红外线电热炉，方法是在炉体内表面和发热元件表面涂敷铁、锆、硅等金属的氧化物涂料或直接采用市售的红外发热元件。

（四）红外加热装置

红外加热元件通电后，元件表面辐射出波长2.5～50μm的红外线，在电磁波谱图中，大部分处于“红外线”范围，此种光线被物体吸收后有极强的热效应。

金属材料对红外线的吸收随着温度的升高而增加，随着波长的增加而减小。且表面越粗糙则吸收的越多，红外电热元件辐射出的红外线越多，被物体吸收得能力越大，其热效应也越高。

红外电热元件按结构形式可分为管状、板状、带状和灯状等类型，按基体材质分为金属管、陶瓷管、石英玻璃管、陶瓷板和电阻带等。火电建设各施工企业的焊接接头热处理，大都采用陶瓷发热元件，它是以氧化铝或氧化钴、氧化硅作母材，再加入氧化铁、氧化钴和氧化铬作为添加物以粉末状混合在1200～1400℃炉内烧结后所形成的稳定的陶瓷，可作为红外发热体。

陶瓷管一般编排成绳状或履带式等形状，在陶瓷管内装有多股螺旋状电阻丝，通电后陶瓷管因含有红外涂料，当升温到500～1200℃即可辐射出波长 2～40μm 的红外线，焊件表面吸收了红外线而自身发热，再把热量向其他方向传导。红外线加热可适用于各种尺寸、各种形式的焊接接头热处理。效果稍次于感应加热。

红外加热装置的使用温度一般在 1000℃左右，电源可直接接到常规电网，也可使用电焊机作为电源，这种加热装置，在火电施工企业曾被大量使用。

（五）铝制剂加热装置

铝热热处理是原电力部电力建设科学技术研究所 1965 年的科研成果。铝热剂的特点是反应生成的热量较大、反应快、热量利用系数大、铝材料价格低、制取方便，它主要用于炼钢厂简化和改进浇铸工艺用的恒温装置，并曾大量用于供电达不到的施工现场，进行建筑钢筋和铁路钢轨的焊接，以及反应堆部件的钎焊、石油管道的退火、复杂工件（如焊接三通的现场热处理），还作为焊接预热的热源等。但这种热处理方法，因种种原因，未能在火电施工企业推广。

（六）DWK 系列电脑温控设备

20 世纪 80 年代中期，市场上已有了国产的功率为 30～60kW 大小不同的晶闸管电源热处理温控设备。当时的设备，仅能恒定热处理的加热温度，而升温、降温的过程和其升、降温速度等的控制，需要人工调节。1987 年，吴江电热电器厂生产出了第一代“多路控制，一机多用”的 DWK 系列电脑温控设备。这种设备只能对同时间、同规范的热处理工件，进行多路控制，显然是不适于火电建设施工现场的。经过江苏省电力建设第三工程公司南通电厂工程首次使用，针对上述缺陷提出了改进方案，该厂积极、迅速地多次改进后，终于推出了能适合火电建设施工需要的多回路控制，一机多用的 DWK 温控设备，并逐渐在火电建设施工企业中推广使用。

在此不久，已有一些火电安装企业，购进了美国 INTEL 公司于 20 世纪 80 年代推出的 MCS51 系列高性能 8 位微电脑芯片，精心设计配置专用接口及专用软件，研制成 DWK 系列全自动智能化温度控制设备。

该温控设备具有通用性，以各种单体电加热炉配上各种规格的陶瓷加热器对各种形式尺寸的工件进行局部正火、回火热处理。20 世纪 90 年代开始在火电施工工程上广泛应用，目前已成为最受欢迎的焊后热处理设备之一。

（1）采用高性能金属氧化物半导体（HMOS）最先进的工艺，集成度高、体积小容易采取屏蔽措施。MCS51 系列单片微机的特点：系统结构简单、异址能力强，能和 INTEL 公司标准的 I/O 接口电路和存储器直接相连以扩展系统功能，所以应用灵活方便。可靠性高，出厂指标属于工业等级，能在－40～85℃的环境温度范围可靠的工作，机内连线大多在芯片内部，不易受干扰。处理功能强、速度快，具有完善的查表指令和高速乘除法指令，这是其他 8 位机所没有的，该机还有操作功能和多机通信功能，可作为多机系列中的一个子系统。它符合工业现场热处理过程控制的要求，尤其是软件功能强，并且按照火电建设施工中，焊接接头热处理要求的控制模型设计，采用较先进的模糊控制算法，为焊接接头热处理过程控制应用微机提供了必要条件。

采用微机控制焊接接头热处理过程，就是利用它极强的逻辑判断功能和实时中断响应能力及完善的软件功能，自动控制热处理设备的输出电源，使每一时刻工件的温度符合热处理工艺规范的要求。

（2）DWK 系列电脑温控设备产品型号。

1）DWK-A 型，用于控制一台电加热炉的多个控温点（区）及大型工件的局部热处理，定型产品按控温点（区）有 6 点及 12 点两种；按输出功率有 120、180、240、360kW 四种。

2）DWK-B 型，用于群控多台电加热炉，可群控 3 台电加热炉，每台加热炉可有 1～2 个控温区。

3）DWK-J 型，用于精密电加热炉温度控制，控温范围 400℃，控温精度±0.1℃。

（七）温度测量表计

随着大容量高参数机组的不断增多和科学技术的发展，热处理温度测量技术日趋完善，火电建设热处理过程中常使用的温度测量表计有光学高温计、热电偶温度计等。

温度测量设备和方法有：测温贴片（或测温纸）、热电偶、测温笔、表面测温仪、红外测温仪（辐射温度计）、光纤型测温仪、热电偶与补偿导线。

1. 测温贴片（接触法测温）

机理：测温贴片（或测温纸）受热后发生一系列化学和物理变化，由于分子结构改变，导致反射光的颜色发生变化。它是一种能够随物体温度的变化而改变贴片颜色的测温产品。只适用于要求预热温度低于 260℃的场合。

2. 测温笔（接触法测温）

使用时将笔芯从外壳中拉出，将其涂抹在要测量的物体上。当温度到达要测量的温度时，所涂抹的蜡状物的状态会发生变化（如颜色变化、颜料蒸发等），并由此判断出温度。

这种方法不能把被测件的温度度数直接显示出来，但透过测温物质溶解的现象，便可间接而准确地指示出工件温度。

3. 热电偶（接触法测温）

原理：一种比较先进的瞬态温度传感器，采用真空蒸镀或化学涂层的方法将两种热电极材料绝缘于基体上，热电极一般为铜—康铜、镍铬—镍硅等。

其反应时间为数毫秒级，测温范围一般在1200℃以下。

产品：国产热电偶，测温范围 0～1200℃，测温准确度0.5～2级。

4. 表面测温仪

一般选用热电偶测温，用数字式仪表显示温度。

均为便携式产品，携带非常方便，适合测量焊接坡口内表面的温度。

5. 红外测温仪（辐射测温）

非接触法测温；测温范围广，可达－30～1300℃；可远距离测温。

该方法不仅测量焊件的预热温度，还可测量火焰加热热处理时的温度。红外测温仪见图3-1。

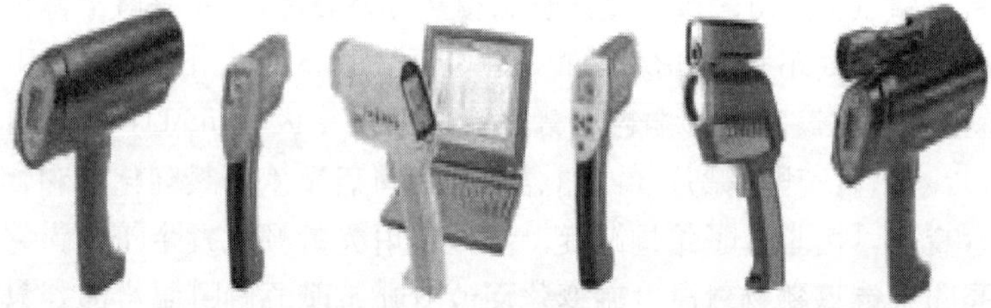

图3-1 红外测温仪

6. 光纤型测温仪

光纤型测温仪（见图 3-2）是一种结合非接触式测温方法和光纤传感技术实现高精度、高重复性、高可靠性、快速响应（小于1ms）的非接触式测温系统。

7. 热电偶与补偿导线

GB/T 16839.1—1997《热电偶　第1部分：分度表》将热电偶分为8个标准类型，其中R、S、B型热电偶称为贵金属热电偶，J、T、E、K、N 型热电偶称为廉金属热电偶。焊接热处理使用 K 型热电偶。

图 3-2　光纤型测温仪

上述标准规定，将允差分为 3 个等级。一般情况下选 2 级精度，温度精度要求高时，应使用 1 级精度热电偶。

由于热电偶热电势与温度之间存在非线性，使用时应进行修正。

GB/T 4990—2010《热电偶用补偿导线合金丝》将其分为：精密级合金丝，记为 S；一般用合金丝，记为 G；耐热用合金丝，记为 H。

要求较高时，应使用精密级补偿导线。

热电偶与补偿导线要匹配（型号匹配，极性匹配）。

（八）中频感应加热特点

中频感应加热的原理与工频加热一样，都是将物体置于感应线圈内，在交流磁场中产生感应电流，靠涡流及磁滞的作用使物体发热。中频感应加热所使用电源，一般都是晶闸管逆变中频电源，它是将工频电源经三相全波晶闸管桥式整流，经平波电抗滤波后，再经单相桥式逆变电路，供给电感和电容组成的并联谐振电路进行工作的。

中频感应加热与工频感应加热相比，前者集肤效应明显，加热渗透深度小。

1. Proheat35 感应加热系统

Proheat35 感应加热系统是通过感应线圈内的交变电流产生交变磁场，使工件中产生感应电流，依靠感应电流加热工件。这是一种非接触的电加热方法，工件整个截面都有感应加热电流，内部温度梯度小，最热区域在工件表面下方，热量在金属内部快速传导。设备的输入电压为交流 380V、50Hz（三相五线制）。输出电压为 0～700V，输出额定功率为 35kW，最小输入电缆规格 6mm^2，最大推荐输入电缆长度 77m，最小地线规格 8mm^2，工作环境为－10～50℃，相对湿度小于 85%。

2. 中频感应＋电阻加热热处理装置

中频感应加热是利用感应线圈把频率为 700～8000Hz 的交流电能传递给要加热的金属管道工件，然后电能在金属管道内部转变为热能。感应线圈与被加热的金属管道并不直接接触，能量是通过电磁感应传递的。

设备的输入电压为交流 380V、50Hz（三相五线制），电源输入线应选用大于 4×50mm^2 铜芯电缆，接地线采用 1×16mm^2 铜芯电缆。最大输出总功率 200kW（远红外 20kW×6＋中频 80kW×1），中频电源输出频率：1000～2000Hz 并联谐振，中频感应线圈宜采用截面积大于 95mm^2 高温绝缘软铜线，长度 30～60m 一根。感应线圈至中频电源连接线为截面积大于 95mm^2 绝缘电压大于交流 750V 的电缆线，长度不超过 80m。补偿导线布设时应距强电负载线 30cm 以上，使用长度小于 100m。工作环境为 0～37℃，相对湿度小于（30%～90%）HR，内置水箱，强迫风冷，水质 P8 纯净饮用标准。

三、热处理工艺的进步

（一）有关热处理规程的变化

焊接接头热处理对火电建设而言，其工艺较为单一。随着焊接规程、规范不断的修订与完善，其要求在提高。20 世纪 50

年代初仅为 A_{c3} 以上正火及 A_{c1} 以下高温回火处理。60 年代规定焊接接头热处理结果作硬度检验。随着大容量、高参数机组的建设，管道壁厚加大，70 年代在原电力部颁发的《电力建设施工及技术规范（火力发电厂焊接篇）》中，对热处理过程中升温、降温速度，以及加热、保温宽度和恒温时间在加热范围内任意两测温点间的温差，以及热电偶布置等均做出了明确规定。80 年代对马氏体耐热钢的热处理做出了特殊规定，强调了冷却温度以得到马氏体充分转变。特别是在 1989 年，《焊接工艺评定规程》颁布后，扩大了热处理范围，明确了奥氏体不锈钢的热处理按固溶强化和稳定化分类。其他类钢按退火、回火、正火加回火等热处理分类，以往热处理工程一直在焊接规程中作为一个章节提出要求。直至 2002 年，由原国家经贸委发布电力行业标准 DL/T 819—2002《火力发电厂焊接热处理技术规程》、DL/T 752—2001《火力发电厂异种钢焊接技术规程》（该标准是支持 DL/T 869—2004《火力发电厂焊接技术规程》和 DL/T 678—1999《电站金属钢结构焊接通用技术条件》的相对独立的标准）。从而对火力发电厂钢制压力管道、部件（包括承压部件与非承压部件）在制作、安装、检修过程中对焊接进行热处理的要求做出更严格的规定。并强调了焊后热处理加热最高温度不超过 A_{c1}，一般在 A_{c1} 以下 30～50℃。对调质钢应低于调质处理时的回火温度，对异种钢按合金成分低侧钢材的 A_{c1} 选择。考虑到 DL/T 819—2002《火力发电厂焊接热处理技术规程》对高合金的不适用的工艺，于 2010 年对 DL/T 819—2002《火力发电厂焊接热处理技术规程》和 DL/T 752—2001《火力发电厂异种钢焊接技术规程》进行了换版升级，升级换版后的规程，扩大了本标准适用范围，凡是火电厂钢制部件应进行焊接热处理的部分均适用，引用规范性文件范围增加，增加了镍铬丝、热电偶丝、加热器技术条件、补偿导线、金相检验等规范的内容。术语及定义采用 GB/T 3375 的术语要求，使得标准更规范。

2012年对《火力发电厂焊接技术规程》进行了第五次修订，该标准对高合金铁素体耐热钢的焊接热处理有了具体的规定。

总之该规程从热处理的适用范围、规定、热处理加热方法及设备、焊接热处理工艺和措施，以及质量检查与技术文件等都做出了较详细的规定，可操作性强，对焊件热处理起着重要的保证和推进作用。

（二）热处理工艺的改进

热处理包括焊前预热和焊后热处理。焊后热处理包括四个重要因素，加热速度、最高加热温度、保温时间和冷却速度。加热速度的控制，是避免工件整个截面加热不均匀。最高加热温度的控制，高温回火上限低于 A_{c1}，一般低于钢材原始回火温度；下限是钢材最高使用温度＋（100～150℃）；且达到规定的硬度值。保温时间的控制，上限防止性能劣化，缩短热处理时间；下限是降低残余应力，改善金相组织和力学性能。冷却速度控制，上限是避免重新产生残余应力；下限是防止再热裂纹的产生和性能劣化。

1. 热处理操作室要求

电站施工使用的热处理设备包含微机和控温仪表，算是精密仪器。放置设备的地方要求恒温、恒湿、干净整洁，需要配置相应的设施如空调。好的环境不但可使仪器处于好的工作状态，显示的数值准确，延长使用寿命，而且会使热处理工作更井井有条，有利于热处理的质量控制。

2. 热电偶的布置与安装

热电偶安装位置，应保证测温准确可靠、有代表性。对于外径不大于273mm的管道，可使用1只热电偶布置于焊缝中心，否则应使用至少2支，并沿圆周均匀布置，其中1支布置于焊缝中心，其他热电偶布置于距焊缝边缘1倍壁厚处且不超过50mm，并用焊缝处热电偶控制温度。对于管径大于273mm的管道，测温点应在焊接接头中心按圆周对称布置，且不少于2

点；水平管道，测温点应上下对称布置；当采用柔性陶瓷电阻加热器分区控温时，热电偶的布置应与加热器相对应；当用一个热电偶同时控制多个焊件时，该热电偶布置在有代表性的焊接接头上，同时在其他焊件上应至少布置 1 个监测热电偶。异性结构焊件（例如焊缝的三通、管座等）后热、热处理时应采取措施使焊件实际被加热的最高温度位于被热处理的焊缝上，其热电偶至少有 3 支，其中 1 支位于焊缝，另外 2 支分别位于距焊缝边缘 20mm 的管材的同一母线上外壁同一直线上。用铁丝捆绑固定热电偶，应保证热端与焊接接头紧密牢固接触，且用不小于 150mm 隔热材料与加热器隔开，避免加热器的直接热辐射。

3．热处理加热工艺要求

“局部加热”是指仅对部分焊缝加热，即最小金属宽度需要达到恒温温度的范围，也称均温宽度（加热恒温过程中，焊接接头全厚度方向上温差小于或等于规定要求的，被加热金属的范围）。根据相关文献解释，均温宽度是焊接接头每侧外延 1 倍壁厚或不大于 50mm 范围内，全厚度方向温差符合规定要求。

后热工艺是指焊接工作停止后，立即将焊件加热到 300～400℃，保温 2～4h，然后缓冷的一种焊接热处理工艺，实际上是除氢处理，其目的是为了加速氢的逸出。

对马氏体型钢（如 F12 钢或 P91、P92 钢）后热时机应在焊后冷却保温段结束后，也就是马氏体转变（80～100℃）结束后进行。

4．焊后热处理恒温时间及恒温的目的

焊后热处理恒温时间包括均温时间和保温时间（$\tau_{均}+\tau_{保}$），因而恒温的目的一是为了均温，即使整个工件热处理部分达到规定的温度；二是使残余应力充分松弛。如何降低残余应力，在热处理指示温度刚达到规定的温度时，表面与心部存在温差，会使焊件形成新的附加应力，但这种附加的热应力在随后的恒温过程中是可以减小甚至消除的。热处理的恒温段，残余应力急剧下降，在均温开始，残余应力水平最高，容易通过塑性变形释放应力。当均温到一定时间后，应力水平降低到金属不足以产生塑性变形时，残余应力即保留到最低限度了。

为更好的保证热处理质量，对恒温时间做了更具体规定，焊后热处理恒温时间应根据材料类别、加热方法和焊件厚度综合确定。一般按照焊件厚度确定恒温时间，对中低合金钢，恒温时间按 2～3min/mm 计算，最少 30min。对高合金钢，恒温时间按 4～5min/mm 计算，最少 60min。采用柔性陶瓷电阻加热、远红外辐射加热时，取值偏于以上计算的上限。采用感应加热时取值偏于以上计算的下限。

5. 热处理加热宽度

为使热处理质量得到保障，需要更为合理的加热宽度，规程对不同规格的管道加热宽度进行了较为合理的规定。加热过程中，为达到焊接所需的均温范围，所施加的加热热源的最小宽度。从 DL/T 819—2002 标准每侧 3 倍壁厚＋60mm 加热器宽度，变为 DL/T 819—2010 标准规的，管道对接接头加热宽度应根据加热方法及外径 D 与壁厚 δ 的比值来选取，但每侧最少不小于 100mm。

当采用柔性陶瓷电阻加热、远红外加热时按下述方式确定加热宽度。

（1）当 $D/\delta \leqslant 7.5$ 时，加热宽度从焊缝中心起每侧不小于管子壁厚的 4 倍；

（2）当 $7.5 < D/\delta \leqslant 10$ 时，加热宽度从焊缝中心起每侧不小于管子壁厚的 5 倍；

（3）当 $10 < D/\delta \leqslant 15$ 时，加热宽度从焊缝中心起每侧不小于管子壁厚的 6 倍；

（4）当 $D/\delta > 15$ 时，加热宽度从焊缝中心起每侧不小于管子壁厚的 7 倍；

当采用感应加热时按管道壁厚的 3 倍确定每侧加热宽度。

由于高合金铁素体耐热钢对温度要求高，当内外壁温差过大时，会导致焊接接头硬度和冲击韧性达不到质量要求，在首台国内生产的百万机组建设中，按规程规定的热处理的加热宽度对玉环电厂高合金钢没有得到满意的质量要求。在二次热处理时，按西安热工研究院推荐的以下公式计算加热宽度：

$$HB_0 = SB + 50$$

$$HB_1 = SB + 4\sqrt{Rt}$$

$$HB_2 = \frac{Hi\left[\dfrac{OD^2 - ID^2}{2} + (ID)(SB)\right]}{OD}$$

$$HB = 166 + 4.5\sqrt{Rt}$$

通过以上公式计算加热宽度，取 3 个公式计算结果的最大值作为加热宽度。加热宽度采用在规程规定的加热宽度基础上增加 100mm，并从热处理效果看，达到了热处理质量要求。

保温宽度与厚度，焊后热处理恒温过程中，任意两点测温热电偶显示的数据的差值应符合规定的温度范围温差不超过 50℃。焊接热处理的保温宽度从焊缝中心算起，每侧应比加热宽度增加至少 2 倍壁厚且不少于 150mm。焊接热处理保温厚度 40～60mm 为宜。

6. 控制焊接热处理时的升降温速度

升、降温速度直接关系到焊件厚度上各点间的温差，温差的出现会造成热应力，严重时可能导致焊缝或热影响区的变形甚至开裂，因而必须对其进行限制。

焊接热处理升、降温速度为 $6250/\delta$（单位为℃/h，其中 δ 焊件厚度单位为 mm），且不大于 300℃/h。300℃以下可不控制升、降温速度。（9%～12%）Cr 马氏体型耐热钢升、降温速度不大于 150℃/h。

7. 焊接热处理质量检查及评价

（1）升温前应进行下列检查，确认其符合作业方案或工艺卡要求。加热和测温设备、器具及接线、加热装置的布置、温度控制分区、同炉绑扎工艺、加热范围符合标准或规范要求、保温层宽度、厚度合适、温度测点的安装方法、位置和数量、设定的加热温度、恒温时间、升/降温速度、现场安全环境及文明施工要求等。

（2）热处理结束应进行自检，并应经热处理技术人员确认，符合下列要求：工艺参数在控制范围内，并有自动记录曲线、热电偶无损坏、无移位、焊件处理区域无氧化、裂纹和较大变形、焊接热处理记录曲线与工艺卡吻合。

（3）焊接热处理技术人员或者焊接工程师应在热处理工自检合格的基础上，对同类焊件进行不少于20%的抽查，检查相关记录、查看经焊后热处理的焊件外观，进行评价，评价项目包含焊后热处理质量评价表中的所有检查项目。焊后热处理质量应由其过程控制予以保证，按照上述自检进行检查的规定完成检查且符合要求，则焊后热处理工作质量确定为合格，否则确定为不合格。

（4）焊缝硬度检查合格的焊接接头，可判定为焊后热处理合格。

（5）焊后热处理质量不合格的处理。焊后热处理温度和时间不够而导致焊缝硬度值高于规定值的焊接接头，或由现场金相检验判定为焊后热处理不足的，应重新进行焊后热处理。焊后热处理恒温温度超标或焊后热处理恒温时间过长而导致硬度值低于规定值80%的，或金相判定为焊缝金属过热的焊缝，除非可以现场实施正火＋回火热处理，应割掉该焊接接头，重新焊接。焊后热处理时间超过焊后热处理工艺指导书规定值30%，且硬度检查合格的焊缝，应做记录。增加了焊后热处理质量评价表的要求。

8. 焊接预热温度及控制范围的注意事项

选定预热方法的原则是：只要该方法对母材或熔敷金属不

损害，且不会有杂质带入焊接区域，任何方法均可采用，但必须注意，该方法应对加热的均匀性和渗透性有保证。

预热的目的：延长焊接时铁水凝固时间，避免氢裂纹；减缓冷却速度，提高抗裂性；减小温度剃度，降低焊接应力；降低焊接结构的拘束度。

预热温度是以焊接性、环境温度、焊件厚度、接头形式、焊接材料的潜在含氢量和结果拘束度、异种钢焊接，按合金成分高或焊接性差的一侧考虑。

预热方法及加热范围要求：管子外径大于 219mm 或壁厚大于 20mm 时，宜采用柔性陶瓷电阻加热、远红外辐射加热、电磁感应加热进行预热。

焊接部位预热温度的要求，是以监测热电偶达到预热温度为准，进行预热焊接的。

预热加热宽度从 DL/T 819—2002《火力发电厂焊接热处理技术规程》标准执行开始，将每侧不小于焊件厚度的 3 倍，变更为：柔性陶瓷电阻加热或远红外加热，每侧不少于焊接厚度的 4 倍，感应加热，每侧不少于焊接厚度的 3 倍，最小加热宽度 100mm。

对管座焊口的加热宽度范围，是以焊缝最大深度的 9 倍范围为加热区域。

9. 层间温度控制的要点

层间温度是指多层焊中在施焊后续焊道时，其前一相邻焊道所保持的温度。根据这一概念，在连续进行多层焊过程中，焊前预热温度是对首层焊道而言，在施焊首层以后的后续焊道时，预热温度概念就自然消失，取而代之的是包括预热温度余热在内的层间温度。

层间温度的选定，是使首层焊道预热的效果得到延续，在焊接后续焊道的全过程中，要求层间具有一定的保持温度，并有一定的温度区间。一般要求层间温度下限值不低于预热温度。

层间温度上、下限值都应控制。控制上限值目的是防止金属处于 1100℃以上区域内的停留时间过长，而引起焊接接头晶粒粗化严重，使塑性、韧性降低；控制层间温度下限值的目的是为防止冷却速度过快，而形成淬硬组织和影响扩散氢的逸出。根据不同材质，层间温度应控制在预热温度下限－400℃之间。

层间温度测量，在焊接过程中，以测量焊接在起焊点前 50mm 处测量为焊接过程的层间温度（防止焊接线能量过大），而焊接一层结束，清理后在焊接下层前，测量上层焊道的温度为层间温度。

四、热处理工艺案例

例 1：工频感应加热应用的特例

20 世纪 60 年代初，国内一些电厂在检修过程中先后发现了高压汽轮机汽缸裂纹。有的裂纹深度几乎达到贯穿程度。这种裂纹的补焊工艺比较多，而且工作量也是较大的。

高压汽缸大都采用珠光体级的合金调质铸钢，这种钢材不但在焊前和焊接时需要较高温度的预热和保温，而且在焊后需要进行必要的热处理。为了适应这种大型铸件预热和热处理的需要，1964 年 5 月，电力建设科学技术研究所的科研报告“高压汽轮机汽缸补焊无变形加热温度的计算”中，确立了计算条件和理论基础。对整体加热计算、中部整段加热计算、中部局部均匀加热计算，以及在任意位置上局部加热计算，都得出了比较合理的数据。以便于利用工频感应加热方法来解决无变形的加热问题。根据以上计算所得出的汽缸无变形预热温度，可以确保工件在加热时不致产生残余变形。经过在青山发电厂、南京热电厂、吴泾热电厂、北京热电厂等四个电厂汽缸补焊中，前后进行了 8 次工频感应整段预热（预热温度在 250～300℃之间，均达到了未因预热产生残余变形的目标。验证了上述计算方法是正确、可靠的。

例 2：采用柔性陶瓷电阻加热方法对 P92 钢焊后热处理

对 P92 钢进行焊后热处理加热宽度及保温宽度的选择国内不存在统一标准，虽有文献报道采用 Proheat 35 中频感应加热设备可保证焊缝内外壁温差小于 30℃，焊缝冲击值大于 41J，满足 EN1597-1 的要求，但该设备国外主要用于预热使用，且设备进口价格昂贵，工作效率低下，研究采用传统的柔性陶瓷电阻加热方法对 P92 钢进行焊后热处理，保证焊缝的使用性能，可为安装单位节省大量资金，提高安装效率，具有重要的经济意义和社会效益。

P92 钢焊后热处理使用的柔性陶瓷电阻加热器，确定的宽度是采用天津诚信达金属检测技术有限公司的专利公式计算出的加热宽度，经过在广东海门现场对 T/P91、T/P92 钢的焊后热处理中使用，硬度值能控制在 200～230HBHLD 之间，完全达到了热处理质量要求。

例 3：对大型容器除氧器及再热器集箱热处理（ϕ3560×40mm、ϕ1600×60mm）

由于除氧器空间大，在对对接焊缝热处理时，如容器内部不进行保温处理，热处理时温度很难达到（主要是内壁散热快），在对内蒙古托克托电厂和江西黄金埠电厂除氧器热处理时，均采用外部布置柔性陶瓷电阻加热，采用 12 区控温，内壁布置保温装置，使用支架固定。采用这种方法，热处理工艺曲线完全满足工艺要求，热处理后进行硬度检验，硬度结果满足规程要求，完全达到了热处理质量要求。

对再热器集箱热处理时，由于外部是管座焊口，没有绑扎柔性陶瓷电阻加热器的空间，为保证热处理的质量，确定的工艺为外壁采用保温，内壁布置加热装置，采用这种方法时需注意，热电偶应采用延长型补偿导线，避免因冷端温度过高（内壁布置热电偶）造成质量问题，因延长型补偿导线材质和热电偶是一致的，可减小冷端温度过高造成的影响，通过在天津电建修造厂的施工热处理，热处理工艺和质量完全达到了要求。

例4：集箱角焊缝感应加热

在1000MW超超临界机组工程建设中，集箱及管座角焊缝热处理温差问题采用柔性陶瓷电阻加热很难满足热处理质量要求，而采用感应加热设备解决了集箱及管座角焊缝热处理温差问题，提高了集箱及管座角焊缝的焊接热处理质量。

该工艺采用的是RLPC-7200中频远红外热处理装置，加热宽度为焊缝每侧5倍壁厚布置保温装置，每侧3倍壁厚布置感应线圈，热处理工艺按DL/T 819—2010规程确定，该工艺在天津电建焊接培训中心通过诚信达金属检测技术有限公司进行验证，该试验不论从工艺还是质量方面都满足要求，该工艺在全国电站安装及检修中得到了广泛应用。

例5：对T/P91类高合金钢铁素体耐热钢焊缝感应加热

在1000MW超超临界机组工程建设中，T/P91类高合金钢铁素体耐热钢普遍应用于主蒸汽和再热蒸汽管道，当采用柔性陶瓷电阻加热时，为满足质量要求，需要配备超宽的加热装置才能满足施工要求，增加了施工费用和施工难度，为解决费用和施工难度问题，对T/P91类高合金钢铁素体耐热钢热处理进行了感应加热试验，选用RLPC-7200中频远红外热处理装置的特点是，空冷，功率大，易调节，电源线采用硅胶电缆。通过试验，证明该设备解决了达到居里点后功率减小的问题，且居里点后能保证内外壁温差基本保持一致（加热方法影响），该方法主要应考虑的是电源线和感应线圈截面积问题，只要截面积满足功率要求，热处理工艺和质量能得到保证。该工艺在全国电站安装及检修中得到了广泛应用。

第四章

电力焊接技术规程制订及拓展

张佩良，张信林

焊接是热加工的重要专业之一，广泛地用于现代制造业及基本建设行业。对于火电建设来讲是非常关键的专业工种。自从20世纪40年代以来焊接工艺逐步替代了金属铆接之后，火力发电厂锅炉、汽轮机管道的成千上万道焊口通过优质的焊接工艺连接起来，为发电设备安全有效的运行创造了前期条件。

俗话说“没有规矩，不成方圆”，为了保证工程的焊接质量，除焊工的技术和职业素质有高的要求外，还必须正确执行相关的技术规程和标准。

一、第一部电力焊接技术规程诞生的过程。

中华人民共和国新中国成立初期的三年恢复时期（1949～1952 年），火电建设主要是修复旧中国留下的 100 多万千瓦残缺的小型火电机组，基本是靠工人师傅的经验用氧—乙炔气焊和手工焊条电弧焊来完成管道焊口的焊接，由于没有专门的焊接规程遵循，仅靠通过焊缝外观检查和水压试验检验焊口质量，所以能做到不漏即可。

1953 年我国开始实施国家经济建设的第一个五年计划（1953～1958 年），苏联支援我国建设一批火力发电厂。1953 年开工的齐齐哈尔郊外的富拉尔基热电厂是我国兴建的第一座高温高压火力发电厂，在苏联专家的指导下，采用苏联标准和技术条件要求，经过中国工程技术人员和工人的艰苦努力，第一台机组于1955年建成投产。

第一个五年计划期间我国火电建设主要安装从苏联、东德、捷克、罗马尼亚等国进口的火力发电设备，因而执行的也是相应国家的规程和标准。50年代末我国自行制造5万、10万kW高温高压火力发电机组，电力安装行业也掌握了碳素钢和低合金钢的焊接技术，积累了丰富的焊接和热处理经验。60年代初中国和苏联关系交恶，苏联方面撤走了在中国的专家和相应的资料。此时有必要制定我国电力行业的焊接规程，当时在水利电力部电力建设总局王邵忠工程师主持下和有关焊接专业人员的参与下，借鉴捷克、东德，特别是苏联国家动力委员会电站建设部颁发的焊接规程和标准，制定了中国的部颁电力行业焊接标准《碳素钢和低合金钢管子的电弧焊接暂行技术规程（101-62）》和《碳素钢和低合金钢管子的气焊焊接暂行技术规程（102-62）》，由水利电力部以（61）水电电字第128号文批准颁发。该两本规程也是我国产业部门最早颁发的焊接技术规程。60年代初正值我国国民经济困难时期，物资匮乏，部属水利电力出版社也已撤销。经多方联系找到当时中国工业出版社商量出版事宜，但还得自带纸张才给予印刷。由于出版社人手少，且没有专业的绘图员，该规程内的图及校对均由张佩良完成，总算在1962年得以出版颁发。该两本规程适用的机组容量为10万kW及以下的火力发电机组。适用于火力发电厂的施工和检修工程中管道和管子的焊接工作。钢材为碳素钢和低合金钢，焊接方法为氧—乙炔气焊和手工焊条电弧焊。

由于当时我国尚无完整的钢材和焊材标准体系，因而在规程内均以苏联标准的钢铁牌号和焊条型号表示，辅以我国相对应的牌号和型号，其焊接工艺和热处理规范均参照苏联标准。如锅炉受热面小径管不管是手工焊条电弧焊还是氧—乙炔气焊，焊接接头都要求做正火热处理，大径管焊接根部带垫圈形式等。焊接接头检验除无损探伤外，还必须做割样或焊制代样。

20 世纪“文化大革命”中期，火电建设工程质量不稳定的情况下，1972 年当时水利电力部以（72）水电电字第 72 号文发布关于继续执行《电力建设施工及验收技术规范（锅炉机组篇）》等八篇和两种焊接技术规程 101-62 和 102-62 的通知，强调必须按规范和规程施工以确保工程质量。

1972 年水利电力出版社根据 1962 年中国工业出版社的版本对焊接规程 101-62 和 102-62 再版印刷，同时对其中的插图重新绘制。

101-62 共有八章（总则、管子的材料、电焊条及质量检查、焊接施工组织和焊工考试、管子对口的准备及组合、焊接工艺、焊口的热处理、质量检查），共 112 条和 4 个资料性附录。

二、第一次修订

70 年代以后，我国开始制造 12.5 万 kW、20 万 kW、30 万 kW 火力发电机组，上述两本规程已不能完全适应火电建设焊接工作的需要。因而由火电大机组安装经验的施工单位，根据工程的需要各自制定了一些地区性的焊接标准或技术要求，共有六本之多。1974 年水利电力部基建司对大机组出现的新钢材焊接和热处理等问题极为重视，于是把下放在基层工作的姜求志、魏明德、张佩良等调回部里，从事有关焊接方面的技术工作。1974 年夏在上海电力建设公司承建的望亭 30 万 kW 施工现场成功地召开了大机组焊接技术座谈会。会上，与会代表对 1962 年部颁的两本焊接规程 101-62、102-62 指出已不能适应电力建设焊接发展需要，建议部组织人员尽快修订。在参照各地区提供的标准导则等资料及苏联、英国、美国等规范、标准的基础上，经过广泛调查研究提出了征求意见稿下发到全国电建、科研以及上海、哈尔滨、东方等三大锅炉厂征求意见，对收到的修改意见经逐条分析整理后提出了送审稿，于 1975 年冬在安徽舒城龙河口水库召开的全国电力基建、生产、科研和哈尔滨锅炉厂、上海锅炉厂、东方锅炉厂以及劳动部门等单位100多人参加的审稿会，经修改后形成报批稿。无奈受当时政治风云变幻的影响该规程被搁置。直到粉碎“四人帮”后，国家经济秩序走上正轨，开始大力抓生产建设时，于1977年初由当时的水利电力部基建司主编，经科技司、生产司审核，经部批准，以（77）水电基字第6号文颁发，并定名为《电力建设施工及验收技术规范（火力发电厂承压管道焊接篇）》其编号为SDJ 51—1977（第一次修订）。由于该规程是在特定的历史条件下修订的，内容上符合当时出版的要求。如在规范的首页有毛泽东的语录，在规程的内容上必须体现所谓工业“鞍钢宪法”（即两参一改三结合）等。为避免和扣上“管、卡、压”的帽子，而回避了技术管理的内容。

此次修订将规程适用范围扩大到30万kW机组，适用的焊接方法为手工焊条电弧焊和氧—乙炔气焊。钢材为碳素钢和耐热钢，摒弃了101-62和102-62规程中苏联钢材牌号和焊条型号，代之以国产钢号和焊条型号。规程的内容以关键的焊接工艺为主简化掉一般的焊接工艺。锅炉受热面小径管焊口焊后热处理采用高温回火等。特别是在附录中推出异种钢焊条（焊丝）焊后热处理推荐表，该表是在国内焊接规程中首次使用。

由于氩弧焊仅在个别单位如上海电力建设公司和河南第一火电建设公司在30万kW机组中使用过，推广条件不成熟，故未列入。

该规程共10章82条，8个资料性附录。

三、第二、三、四次修订

到了80年代初改革开放的大趋势已呈现出来，电力工业部基建司对1977年颁发的SDJ 51—1977《电力建设施工及验收技术规范火力发电厂承压管道焊接篇》又进行了全面的修订，此次修订将规程适用扩大至 60 万 kW 火电机组，钢材为含碳量 0.3%以下的碳钢和耐热钢，焊接方法除手工焊条电弧焊和氧—乙炔气焊还增加了埋弧焊和氩弧焊。

增加了对焊接各类人员（焊接技术人员、焊工、焊接检验人员、焊接质检人员、焊接热处理人员）的资质和岗位责任，要求各类人员都应经过培训才能上岗。强调焊接工艺评定的重要性，单独列位一章。

增加了对高压锅炉受热面管子焊口，四大管道焊口汽轮机、发电机、冷却系统管道焊口等需氩弧焊的要求。

修订中摒弃了不合时宜的条文，补充了技术管理的内容，同时还增加了承压焊口氩弧焊工艺等条文，于 1983 年颁发其编号为 SDJ 51—1982 定名为《电力建设施工及验收技术规范（火力发电厂焊接篇）》（第二次修订）该规程共 11 章 78 条 7 个资料性附录。

20 个世纪 80 年代中期以来，随着我国加快社会主义现代化建设进程，强调标准的重要性，80 年代后期成立了能源部电站标准化技术委员会。其成员由电站焊接专业委员会常务委员组成，协助行政部门负责起草修订焊接技术标准工作。

1991 年能源部基建司对《电力建设施工及验收技术规范（火力发电厂焊接篇）（SDJ 51—1982）》进行了修订。

此次修订规程的适用范围仍为 60 万 kW 火力发电机组，适用的钢材为含碳量≤0.35%的碳素钢，普通低合金钢和耐热钢，焊接方法为手工焊条电弧焊，氧—乙炔气焊，手工钨极氩弧焊和埋弧自动焊。进一步扩大了氩弧焊的使用范围，除 SDJ 51—1982 要求外。增加了中低压锅炉受热面管子焊口也需氩弧焊。

参照国外技术标准和原上海电力建设局施工研究所、西安交通大学同西北电力建设第一工程公司所做的试验结果，在 DL 5007—1992 中 8.3 条明确了几种钢材小径管焊口可免做焊后热处理；为了检验焊口的质量首次提出无损检验一次合格率的量化指标；明确施工单位向业主移交和自己保存的技术文件等。

本规程共 9 章，82 条，7 个资料性附录和 1 个附加说明，列出主要编制人员以示其工作和责任。

以能源部能源基字〔1991〕1015 号文批准颁发其编号为 DL 5007—1992（第三次修订），SDJ 51—1982 同时废止。

根据原国家经济贸易委员会电力〔2000〕22 号文要求，2001 年开始对 DL 5007—1992 进行修订的工作，其新修订格式按照 DL/T 600—2001《电力行业标准编写基本规定》的要求。

DL 5007—1992 实施已经 10 年，该标准对推动电力行业焊接技术的发展，尤其是大型火力发电机组的焊接技术进步，提高焊接工程的质量起到了很好的作用。随着技术的进步，对该标准进行修订是必要的。

本次修订的重点如下：

——从原来强制性标准改变为推荐性标准。

——标准名称更改为《火力发电厂焊接技术规程》，其适用范围从原标准侧重电力基本建设领域扩大到火电厂的技术改造，检修和修复工作中所涉及的焊接工作。

——火力发电机组的容量不做限制。

——扩大了焊接方法适用范围。本标准扩大的新焊接方法包括钨极氩弧焊（含自动或半自动）、熔化极气体保护焊、药芯焊丝电弧焊。

——在标准结构设计上，根据新的要求以及本标准与其他支持性标准的衔接的需要，作了较大的调整。对其他支持性标准已做出了具体的技术规定的内容，本标准尽量不再重复规定。

——增加了近年来电站已经采用的新钢种，重新安排了钢材分类方法。

——对原规程中过于繁琐的程序和内容进行了调整。

本标准实施后替代 DL 5007—1992。

本规程共 9 章 33 条 4 个资料性附录

2002 年重新更名为 DL/T 869—2004《火力发电厂焊接技术规程》（第四次修订）。

四、关于焊接技术规程的拓展

进入 20 世纪 80 年代以来我国开始大量安装超临界、超超临界火力发电机组，只有一本规程已不能满足建设需要，于是制订多本规程，而理顺它们之间的关系十分重要，于是将 DL/T 869—2004 确定为主干规程，而焊接热处理、焊接工艺评定、焊工考试、无损探伤、焊接质量评定等，为主干规程的支持和专项标准。这样，在多本规程的规范下才能使焊接工作全面而优质地完成，为机组的顺利投产和安全稳定运行提供保证条件。

20 世纪 80 年代至 2006 年制定和修订的火电建设相关的电力行业标准见 2007 年出版的《火电建设焊接纪事》一书。

在这里仅对 2006～2015 年期间修订或制定的有关火电焊接规程（标准）综述如下：

1. 火力发电厂焊接技术规程

根据能源局（国能科技 2009-163）文的要求对 DL/T 869—2004《火力发电厂焊接技术规程》进行修订，修订过程中吸收了电站焊接技术的成果，参照国际标准、国家标准和有关规定。

本标准可以作为火力发电厂工程所涉及的业主、监理、施工单位等各方均认可的焊接技术要求使用。

本标准与 DL/T 869—2004 在技术内容上的主要差异为：

——与 DL/T 5210.7 相关内容进行了衔接，对范围进行了适当的调整；

——在 3.1“总的要求”中，纳入了其他相关焊接标准；

——增加了对焊接工程监理人员的要求；

——完善了各种钢材焊前预热温度和层间温度；

——取消了壁厚不小于 70mm 的管子在焊接过程中进行中

间检验的规定；

——调整了表 6 中焊接接头分类检验的项目范围及数量；

——调整了各类钢材焊缝的硬度合格指标；

——增加了奥氏体不锈钢和镍基合金焊接工艺的特殊规定；

——增加了有关 ASME-SA335 P91/P911/P92/P122 等钢的焊接工艺的特殊规定。

本规程共 9 章 31 条 5 个资料性附录和 2 个规范性附录。

DL/T 869—2012 代替 DL/T 869—2004 规程（第五次修订）。

发布单位：国家能源局。

2. 电站钢结构焊接标准

第二次修订 DL/T 678—2013《电力钢结构通用技术条件》代替 DL/T 678—1999 规程。

发布单位：国家能源局。

3. 焊接工艺评定规程

第二次修订 DL/T 868—2014《焊接工艺评定规程》代替 DL/T 868—2004 规程

发布单位：国家能源局。

4. 焊工技术考核规程

第四次修订 DL/T 679—2012《焊工技术考核规程》代替 DL/T 679—1999 规程。

发布单位：国家能源局。

5. 火电焊接工程验评标准

第二次修订 DL/T 5210.7—2010《电力建设施工质量验收及评价规程　第七部分：焊接》代替《火电施工质量验收及评定标准焊接篇（1996 版）》。

发布单位：国家能源局。

6. 火力发电厂异种钢焊接技术规程

第一次修订 DL/T 752—2010《火力发电厂异种钢焊接技术规程》代替 DL/T 542—2001。

发布单位：国家能源局规程。

7. 火力发电厂焊接热处理技术规程

第一次修订 DL/T 819—2010《火力发电厂热处理技术规程》代替 DL/T 819—2002 规程。

发布单位：国家能源局。

8. 铝母线焊接技术规程

第一次修订 DL/T 754—2012《母线焊接技术规程》代替 DL/T 754—2001 规程。

发布单位：国家能源局。

9. 金属光谱分析导则

第一次修订 DL/T 991—2006《电力设备金属光谱分析导则》原电力工业部基建司以（1993）15 号文批准颁发的《火力发电厂金属光谱分析导则》即行废止。

发布单位：国家能源局。

10. 火力发电厂金属技术监督规程

第三次修订 DL/T 438—2009《火力发电厂金属技术监督规程》代替 DL/T 438—2000 规程。

发布单位：国家能源局。

第五章

电力工程焊接专业管理的形成历史

冯才根

一、焊接专业工地（队）组织形式的形成和发展

电力建设企业的焊接专业管理，在很大程度上和该企业的组织机构有着密切的相关性。焊接专业的单一性和专业性，在焊接工艺简单的历史时期，施工进度、技术方案等的策划，一直是从属于机务安装专业，焊接被界定为配合工种，具有服务特性，但这样的界定在不少企业内部一直存在争议。

1. 早期电建企业焊接专业的管理模式

电力建设工程最早出现焊接专业集中管理组织形式的是在20世纪50年代初期的吉林江北电厂工程，当时的集中管理主要包括了对高压焊工的培训、考核，使用调配，以及部分焊接设备和相关材料的专用管理，包括热处理和供气站工作。

在电力工业不发达的20世纪70年代以前，我国火电建设大多是低温低压、中温中压、亚临界高温高压机组，所涉及的材料、工艺、设备等因素，在技术上不像目前这样复杂。材料基本是合金总含量不超 5%的珠光体耐热钢，焊接工艺比较简单，甚至没有专门的热处理队伍。焊接设备几乎是交流焊接变压器和旋转式直流发电弧焊机，很少有硅整流直流弧焊机，逆变焊机还没有问世。

由于电建行业的焊接专业小，人员数量少，专业技术性强而单一，焊工基本是归属于被称为主工种的汽轮机、锅炉和焊

接工作量大的预制加工等专业工地。长期以来，焊接专业重要但不受重视，技术性强而缺少扶植，责任明确而待遇不清。在管理上，一般电建企业都是在执行层（工地）设一个焊接专业的技术员，在决策层施工管理部门配置一位焊接工程师，全面掌管焊接技术工作。

基于这个电建焊接专业环境，当时鲜有焊接作为一个专业，集中在企业执行层进行管理的组织模式。正因为焊接专业基本都是附属于一个由机务安装专业为主组建的工地，所以焊工的培训也是各个工地自行组织进行，培训的内容因为是针对本工地的焊接产品，培训的项目个人技能适应性有局限性。

在以经验为主的管理时代，由于电建行业焊接技术的特点，焊接技术管理并没有一项强制性焊接专业的规程规范技术标准可以遵照执行，电建行业仅有于 1962 年颁布的水利电力部《碳素钢和低合金钢管子的电弧焊接暂行技术规程（101-62）》和《碳素钢和低合金钢管子的气焊焊接暂行技术规程（102-62）》两本技术规程。可以看出，就是这本规范了电建行业焊接技术十余年的技术规程，也只是限于规范碳素钢和低合金钢管子的电弧焊，材料涉及范围有限，焊接工艺也仅针对手工电弧焊。显然，在这样一个行业焊接管理环境下，“暂行”的焊接技术规程，也是难以适应 70 年代逐渐兴起的电力建设发展需求，焊接专业管理的模式也引起了专业人员的深度思考。

2. 新的焊接管理模式的形成

进入 20 世纪 70 年代，火力发电设备制造技术逐渐提高，12.5 万 kW 机型日趋成熟，20 万和 30 万 kW 高参数大容量机组工程不断开工，新材料新工艺如 F11、F12、HT7、П11、钢 102 等钢在工程上大量应用。各电建企业焊接专业面临着在技术必须及时跟进，在管理上必须加大力度。工艺技术上的跟进和加大管理上的力度，最大的是资源上存在问题，技术人员管理人员不足，焊接技术性劳动力不足，优良焊接设备不足等。

再由于，火电安装各个专业高峰时段有交叉，人力资源和设备资源的配备在传统的管理模式下不能灵活自如的调配。在这种电力发展的环境下，各电建企业焊接专业的高层管理人员都开始思考如何根据本企业的现状，以现有的、较少的投入，如期保证机组优质安全地交付运行。

20 世纪 70 年代初期，焊接专业队伍以独立的组织形式开始在个别电建企业出现，焊接专业队伍作为和各机务专业同等的行政管理级别，体现出公司层面给予了更多的更直接的投入，尤其是在管理上。建立了焊接专业工地后其呈现出的在技术管理、经济效益和资源有效利用方面所取得的成功案例，激发了诸多电建企业对这一专业模式的热情，得到部领导和同行的关注。部分电力建设企业相继考虑组建焊接专业队伍，形成专业的集约型管理，集合人力、物力、财力、管理等生产要素，进行统一配置，以提高焊接专业的生产效率。企业的焊接资源和生产要素在集中、统一配置的过程中，以高效为目的，以期实现高效管理，提高焊接质量，保证机组安全顺利地投产和运行。

如上海电力建设第二工程公司于1975年4月在上海闸北电厂工程时期成立焊接专业工地。

广东火电建设公司于 1976 年成立焊接队，2000 年 10 月撤销焊接队，成立广东火电建设工程公司。

1979 年 6 月 25 日，由原电力部在江苏谏壁工程现场组织召开的“焊接技术经验交流会”会议上，与会代表提出：随着电站高参数大容量机组的发展和对焊接技术、焊接工艺不断提出了新的要求，焊接技术的发展亟盼管理水平的跟进，从历次会议单一的焊接技术经验交流内容，应扩展到对焊接专业各类人员进行轮训，提高焊接专业技术和管理水平等内容的研讨，变一个纯技术交流的会议为一个综合焊接管理内容的研讨。最后，会议建议电力部在适当时候组织召开一次焊接技术管理座谈会。开始了从纯专业技术向对技术工作的管理和专业管理拓展的思考。

1980 年 8 月 22 日，在山东黄岛工程现场，电力部组织召开了“焊接技术管理座谈会”，这次会议是专门研究焊接技术管理活动的会议，会议有技术管理经验交流和各种管理制度交流，首次将管理和内部制度的建立作为专业会议的主要内容。焊接管理不仅仅限于对焊接新技术、焊接新工艺、焊接新材料和焊接新设备的关注，开始了对焊接技术管理工作的重视和管理制度的建立健全工作的提升。

这次焊接技术管理座谈会议，对 70 年代以来电建企业焊接专业队伍的发展，肯定了焊接专业队这一组织型式。鉴于大多数焊接专业队所显现的在技术管理、焊接培训、人员调配、机具维修、质量评级、全面质量管理、开展技术革新等诸多优势，正式提出在大、中型工程以集中管理成立焊接专业队（工地）为宜，并对完善焊接组织机构的建设，提出了建议和设想。

为在电建企业推广实行焊接专业工地（队）这一组织模式，焊接信息网随后采取一系列组合措施。

如 1981 年 3 月 22 日在湖南长沙举办为期三周的焊接队长技术管理研讨班。

1981 年 6 月 1 日在北京良乡举办为期一个月的焊接技术人员专业技术研讨班。

1981 年 9 月 9 日对淮北电厂三期在建的 5 号机组（20 万 kW）进行了一次为期四天的焊接工作全面检查。在电力部基建司（81）电基火字 63 号文《发淮北三期工程焊接检查纪要》（简称《检查纪要》）中指出：鉴于检查组对淮北工程提出的改进意见带有普遍性，现将这次会议纪要发给你们……。该《检查纪要》第二部分检查组对淮北三期焊接工作提出了 6 条意见，其中第 3 条指出：关于焊接组织形式，集中和分散管理各有利弊，根据一些单位经验，集中管理具有人员调动灵活、有利于技术培训、机具维修和便于贯彻全面质量管理等优点，建议大型工程采取全部集中管理或高压焊工集中管理的形式。再次为推广焊接专业集中管理做了官方宣传。

1982 年 6 月 16 日在湖北荆门举行为期五天的 20 万 kW 机组工程质量座谈会，召集全国参加 20 万 kW 机组施工的电建企业共同研讨工程质量情况和焊接技术管理等问题，会议对焊接专业管理不同的组织模式存在的管理状况、经验教训和亟需改进的问题也展开了讨论。

1983 年 5 月 17 日，为推动近期内投产的 20 万 kW 机组焊接质量的提高和改进焊接技术管理工作，电力部基建司组织了对锦州电厂 2 号机组为期三天的质量检查，以了解 20 万 kW 机组工程焊接管理工作中存在的主要问题，采取改进措施提高今后在建工程的焊接质量。

到了 20 世纪 80 年代中期，全国电建企业采用焊接专业集中管理模式的已不在少数，在行业内已成规模。

3. 电力建设企业实行内部经济承包制以后焊接专业管理模式的变化

20 世纪 80 年代中期开始，在电建企业内部百元工资含量和劳动定额考核的经营管理向在内部实行经济责任承包转变。作为一种内部经营方式，内部承包实际上是为明确公司与员工权利义务关系而进行的分工。企业内部承包是我国企业在进行转换经营方式的过程中的一种尝试，由于内部承包从一定程度上能够解决企业所有权与经营权相分离，责、权、利相统一的问题，达到提高企业职工积极性、主动性，提高整个企业的生产经营效率和效益的目标，因而受到许多企业的青睐，在建筑行业尤其盛行，电力建设行业也不例外。

电建企业的焊接专业组织，在当初组建的时候，基本都是焊接专业的人员担任焊接专业工地内部的各个管理岗位，他们在生产上是技术能手或者具有丰富的经验。但是，内部承包很大部分的管理是涉及经营方面的内容，这些人员的不适应性逐渐显露。

焊接专业工地和公司或项目实行专业承包，在当时的情况下，双方都缺少制定有关经济指标的各项基础资料，难免存在不合理性，造成承包合同的标的存在风险。到结算的时候往往难以兑现承包合同标的。

焊接专业工地的组织模式，进过几年的实践，在资源配置、技术管理，焊工培训管理，新工艺评定和试验管理等方面，虽然在前几年体现出明显的优势，但由于转包、劳务分包、分项工程分包等形式的内部承包，焊接技术和质量管理上的缺失也在各个工程项目开始暴露出弊端，焊接专业工地这一被肯定的组织形式也受到了动摇，个别电建公司的焊接专业工地由于内部承包所涉及的结算困难等原因面临解散的局面。

在 1984 年 11 月 23 日下发的（84）基火字第 152 号《关于加强焊接工作的几点意见》文中特别提出了五点意见，要求各个施工单位加以考虑，其中第五点“加强焊接质量管理，确保焊接质量”中指出：目前，火电建设工程实行各种方式的承包后，出现了一些抢进度、忽视质量的倾向，一些单位为了搞承包，把高压焊工分散到有关工地，造成了高压管道焊口质量没人统管的情况，质量检验也有所放松，以致焊接质量下降。

不难看出，承包带来的管理缺失是由于管理职责没有落实所造成的，也就是既往的有效管理模式在承包的环境下受到了瓦解，新的经营方式没有跟进相应的焊接管理。

在大力发展火电的基本建设的大机缘下，电建企业也在借助分包、转包等形式不断地扩大业务，焊接专业也只能借予劳务分包的形式解决项目焊接人力资源不足的局面。

针对当时全国在建火电工程出现的焊接质量情况，1985 年

6 月 27 日部基建司下发（85）基火字第 37 号《关于几个工程焊接质量情况通报》文，通报了在建的姚孟电厂 3 号机组水压试验历时一个多月，10 次上水，7 次试压，每次都有焊口泄漏总计漏 103 处；淮南洛河 1 号机组省煤器下联箱焊口，多数焊口存在超标缺陷，644 个焊口全部割除；元宝山电厂 2 号机组主蒸汽管道 F12 钢未按工艺施焊 3 个焊口出现网状铁素体组织而返工；大武口电厂 1 号机组锅炉过热器合金钢焊口错用碳钢氩弧焊丝打底，造成 1022 个焊口返工；通辽发电厂 1 号机组锅炉水压共上水、升压 9 次，有 22 处泄漏等 5 个大型机组的严重焊接质量问题。通报指出：造成这些问题的主要原因是工程技术管理和质量管理的松懈，没有坚持严格的质量监督；也有的是在经济责任制中没有和质量挂钩、赏罚不明。通报指出：根本原因在于一些领导没有摆正速度和质量的位置，没有坚持质量第一，好中求快的原则。已经明显暴露出“以包代管”的后果。

为了总结和交流各电建企业在承包情况下抓焊接质量和技术管理的经验，吸取一些单位近期出现严重质量问题的教训，搞好今后投产工程的焊接质量提出一些切实可行的办法和措施，基建司在 1986 年 4 月 4～8 日在重庆电厂扩建工程现场召开火电工程焊接质量座谈会。会上透露：1985 年投产的 28 台大型机组中有 11 台机组在水压试验时泄漏焊口。座谈会给出的建议中再次提出关于焊接管理体制问题，多数与会代表认为，焊接管理还是以成立焊接专业工地集中专业工地管理为宜。在没有成立焊接专业工地的企业也应该在每个工程项目设置一个专管焊接的管理部门。会议肯定了重庆电力建设公司成立的焊接监察室这一试行的体制改革举措。

焊接监察室是在焊接工程发生分包或者劳务分包时，对各项目焊接管理工作进行监督监察的一个公司管理层面上的管理部门。焊接监察室的设置，适应项目的焊接工程外包或分包时，焊接专业工地管理职责无法对分包或外包项目的焊接工作进行干预、监督的情况。焊接监察室这一部门的设立，是当时焊接质量管理出现“真空地段”，为保证工程质量，公司给予这个部门一定的管理权限和管理职责，对公司所属的工程项目的焊接工作进行全面的有效监督。可以看出，焊接监察室的出现，一方面暴露了当时的工程焊接质量令人担忧的状况，目前的管理已不适应而必须加强管理力度增加管理部门的权限；另一方面也反映出公司上层开始对焊接现状的重视。如《重庆电厂扩建工程现场火电工程焊接质量座谈会纪要》所肯定的做法：每个工程都必须有焊接管理的“拿总”部门，配备一定数量具有权威、有水平的焊接技术人员，组织领导整个工程的焊接工作。

1986 年 7 月 1～17 日，部基建司组织了对石横电厂 1 号机组、邹县电厂 2 号机组、徐州电厂 7 号机组、姚孟电厂 4 号机组、神头电厂 7 号机组和大同电厂 4 号机组进行了焊接质量检查。在随后下发的《六个工程安装焊接质量检查会议纪要》中，针对目前存在的焊接质量、技术管理以及队伍建设方面存在的问题提出了要求做好五方面的工作。其中第五点，提出了关于焊接队伍的组织形式方面的工作：“根据这次几个单位反映的情况和近二三年以来所了解到全国的现状，我们认为焊接队伍集中管理有很多优点，如便于焊接技术培训和队伍建设的规划，便于焊工的调配使用，便于机具和材料的管理，便于推广新技术、新工艺，更重要的是有利于全面质量管理、保证工程焊接质量。几年来出现焊接质量事故较多的单位，均是焊接队伍分散管理的公司或处。望各级领导认真研究，酌情尽快地把焊接队伍统管起来。”从本会议纪要给出一个信息，当时的工程焊接质量在很大程度上受“承包”环境的影响很大，分散管理与集中管理相比，在质量管理上对“承包”环境的适应能力更弱。

4. 在企业实行内部承包经济责任制环境下，焊接专业集中管理模式受经营的影响

到了 20 世纪 90 年代，焊接专业管理一直在分散和集中两种模式之间反复，有的电建企业“集中了又散”“散了又集中”多次反复。几年的实践，集中的优势枚不胜举，但散的原因却只有一个，那就是在经济管理方面严重不协调。

企业在实行内部承包的经营管理体制下，焊接专业工地参与项目内部承包，实际上也是为明确项目与焊接工地权利义务关系而进行的分工。但是，建筑企业工程的预算和决算都是以工作量为计量单位，一个单位工程由若干个单项工程和更多的分项工程组成，经济承包的依据历来是单位工程的费用包括了涉及的材料、机具、人工三项费用，各种工种所发生的费用，历来没有进行过更细的专业划分，没有这方面的基础资料，对于作业人员的考核也只是电力部 1984 年出版的劳动定额。

对于焊接和其他工种专业费用的划分，其合理和趋于公平都很难界定，因此，焊接专业工地的集中管理模式出现的反复是具有必然性的，对于经济承包的内容和承包的标的的共识，承包和发包甲乙双方存在很大的差异和分歧。

能源部基建司和中电联基建工程部在 1991、2005 年和 2006 年，分别在咸阳、南昌、长沙三次组织召开火电工程焊接专业经济责任制的研讨会。面对多年来内部承包经济责任制下焊接专业工地内部管理如何实现有效管理开展研讨，为的就是搞好焊接专业的内部经营管理，更好的发挥焊接专业集中管理模式在技术和质量管理上的优势。

在基工（1991）85 号《电力系统火电安装工程焊接专业经济责任制研讨会纪要》中提出：焊接经济责任必须以质量为中心；焊接专业队伍的组织形式以集中为好；拉开高压焊工和一般焊工的奖金档次；承包中的质量奖励应该占有一定的比重；

处理好焊接专业和其他专业的关系。

三次焊接专业的经济责任制研讨会议，都有在经营管理上取得经验的焊接专业工地作专题介绍，但是，各个企业的环境不同，他们的经验并不是标准模式可以照搬。经营，一直是对质量、工艺技术有很高要求的焊接专业管理的瓶颈。

5. 国家对电力设计、施工一体化重组后对电建企业焊接管理模式的影响

2011 年 9 月 29 日，中国电力建设集团有限公司、中国能源建设集团有限公司揭牌，完成了历时多年的电网主辅分离的改革重组，标志着中央电力企业布局结构调整迈出重要步伐。

电网主辅分离的实施，是党中央、国务院根据电力工业发展的新形势，结合电力建设行业的实际情况做出的重要决策，是 2011 年国家经济体制改革的一件大事，也是电建企业发展的一件重大事件。

在电网主辅分离之前的近十年，焊接专业是否集中和分散的思考已经趋于冷清，国家电网公司也很少有焊接专业会议研讨这方面的问题，主辅分离五年，两大集团还没有像以前电力系统那样，对电建企业焊接专业进行专门的管理和指导，各个企业在各自不同的经营环境中选择了适合自己企业特征的管理方式。

目前，电建企业的焊接专业的管理模式有：焊接专业公司、焊机专业工地（队）、焊工分散管理（归属于汽轮机、锅炉等工地）。

现在的电力建设市场，作业层外包占很大部分，焊接也随安装一起分包。在公司或项目设置专门的焊接管理部门，对外包的焊接工作进行技术管理，如焊接管理科、焊接监察室等。

焊接专业公司、工地（队）也各有不同，有的把热处理、

焊接培训、金属试验室整合在一起，有的仅把焊接培训和热处理整合一起，呈管理模式的多样性。焊接专业工地承包形式见表 5-1。

表 5-1　　焊接专业工地承包形式（2004 年）

序号	单位	组织形式			整合的专业			承包形式				承包费用范围			
		焊接专业	热机	汽轮机/锅炉	焊培	金试	热处理	公司切块	概算	施工图预算	定额	人工	机械	工器具	材料
1	广西电建	★			★		★	★				★	★		★
2	山东一公司	★			★		★			★		★	★	★	★
3	浙江火电	★			★	★	★		★			★	★	★	★
以下略															

二、焊接专业组织管理模式的调研（列举）

（一）焊接专业工地组建时间

上海电力安装第二工程公司于 1975 年 4 月成立焊接专业工地。

广东火电建设公司于 1976 年成立焊接专业队，2000 年 10 月成立独立核算的焊接工程公司。

上海电力安装第一工程公司于 1989 年成立焊接工地，2000 年设置焊接管理科。

安徽电力建设第一工程公司焊接专业历史上走过了分分合合的复杂历程，自 1996 年再次合并作为独立专业。

山东电力建设第一工程公司 1999 年焊接专业组建为独立核算的专业公司。

北京电力建设公司于 2004 年 10 月成立焊接工程公司。

（二）焊接专业组织调研报告（案例节选）

AH电建公司焊接专业管理模式考察报告

按经理室的要求，于2004年12月15～16日对AH电建公司的焊接专业管理进行了考察。

这次考察主要是围绕公司对专业分公司承包的切块核算、焊接专业人员的考核、焊接培训费用的结算、焊工的激励机制、焊接专业内部管理以及电力建设企业焊接专业可持续发展等方面进行了交流。

该公司的焊接专业工地成立于20世纪80年代，于1994年解散。现在焊接专业分别属于汽轮机、锅炉、铆焊制作三个专业分公司，共有高压焊工近150名左右。

自从焊接专业工地在1994年解散以后，公司没有一个专门对焊接专业管理的部门，公司在1998年核电资格认证时期，发现核电的质量保证体系对焊接专业是十分关注的，它的重要程度在整个保证体系中是占了很大的一个比例。同时又认识到火电安装工程无论是业主还是监理或者是第三方质量监督，对焊接的要求和也越来越高。因此，在1999年公司机构改革时成立了焊接管理中心。

初建时焊接管理中心编制6人，现在4人。主要负责公司焊接专业发展的策划、焊接队伍的建设、对各项目焊接技术的支撑、焊接新技术新工艺的开发和应用、对焊接人员资格的考评和焊工岗级的确认。

公司在焊接专业的经营管理上基本做法是围绕经济核算，肯定焊接专业的特点，公司给予政策，加强承包责任的监督。

在经济核算方面，公司已经积累了十几年的经验和管理的基础资料，各专业分公司也已经有很成熟的内部考核制度，职工也已经很习惯这种方式。这种环境的形成，一是通过十几年来的发展，切块核算、结算和考核已经日臻完善和合理可行。二是职工在合理的承包考核机制下也很大程度发挥了自己的能力和找到了自己的位置，对现实和事实什么都能很自然地接受。

在公司对待焊接专业特点所给予的政策方面，公司针对不同的专业和作业的特点在切块承包时就予以不同的额度予以调整。例如，在对焊接专业的调整上，由于汽轮机专业分公司焊工的缺口（汽轮机仅有四大管道的焊工 30 名，其他焊工都是外包队伍自己配备），公司对于每向外借一名焊工给予汽轮机专业补贴 50 元一天，不够部分由专业自行消化（由于外借焊工市场价基本接近 400 元，故一台 30 万 kW 机组这项补贴约 20 万）。

在承包监督方面，公司和项目都负有责任。

在公司，对专业的发包全是在公司层面开展，由经营部门负责切块，公司经理与各专业签订承包合同，承包后公司对专业领导的考核主要有两点：一是职工收入必须逐年增长；二是保证各施工项目的施工进度。签订承包合同后，各专业在内部银行中有各自的账户，在公司内部银行进行资金流通的管理。

在项目，项目将本项目中各专业工程款的 5%加入本项目的奖励基金（项目也有一部分），统一由项目对各专业作奖励或惩罚，以监督各专业在本项目工程中的质量、安全、进度等情况。各专业每月向各自的专业分公司结算时必须有项目经理签字才能在内部银行生效流转。其中对工程量、进度、安全、质量等是主要的考核依据。

1. 核算

由于焊接专业在承包核算上有着特殊性，需要和涉及的内容多而且关系密切。为了简化专业承包的结算工作，在 1994 年，AH 公司就解散了焊接专业队伍，在机构改革时并没有专门成立焊接专业分公司，而是将焊工分别归入汽轮机、锅炉和修造三个专业分公司。公司在承包切块时充分注意到焊接专业的特殊性，故将焊接专业当时一些难以解决的核算问题让汽轮机、锅炉专业分公司自行消化。

在专业管理上，公司成立了焊接管理中心，负责焊接专业的各项管理。焊接管理中心除了主要负责策划和处理技术上的事务外，焊接管理中心也参与经营管理。例如对焊工的等级认定，焊接人员的调动协调，焊接质量奖惩的签发，焊接人员晋级或降级的处理等。

公司在 1994 年解散焊接专业分公司时也是经过再三权衡。公司和专业分公司至今还认为：焊接分开管理还是没有很好地解决焊工有限资源充分利用的问题，公司焊工内部调动由于核算的问题还是有人为的障碍存在。例如，汽轮机要向锅炉借焊工，会造成锅炉一部分装配工没有焊工配合而受影响，除非和管工一起借出，否则往往会被一个小小的理由而遭到拒绝，而向外部借焊工的价格又是很难承受的，反之亦然。所以，公司每年要在这方面的支出有几十万。如汽轮机专业一台 30 万 kW 的机组，公司在向汽轮机补贴焊工借工的费用是 20 万元。

对包含焊接作业的锅炉和汽轮机专业，在切块时按本专业工程投标价的直接费乘以 1.02 下达给专业，其中包括工资、辅材、机械、临时用水电费用。对电气专业则按工程投标价的直接费乘以 0.8 下达。

据这几年的工程统计，他们认为即使对电气按工程投标价的 0.6 下达也还是比锅炉、汽轮机有更多的盈利。

在对焊工的培训费用方面，公司的焊接培训中心也是独立承包。公司为了控制培训和考核费用的浪费，汽轮机或锅炉的焊工在进行培训时，必须支付 25%的培训费，其余由公司和培训中心分别支付 65%和 10%。也就是培训中心在对内提供培训服务时，按公司（基本和市场接轨，略低于市场价）核定的培训价格优惠10%，公司支付65%。但是培训费用并不是切给专业分公司，而是按实际发生培训的数量进行结算。

在某60万kW机组工程中，锅炉承包的总费用为1600万，再加0.5%的难度调节费（1600万×0.5%＝8万），包括材料、机具、人工、临时用电和水的费用。其中焊工工资支出部分为380万。汽轮机焊工的工资支出部分约占本专业总承包费用的25%，但是汽轮机的焊工奖金水平每月比锅炉焊工少200～300元。

公司核算的依据基本是按地方省2002标准，如一台30万kW汽轮机发电机的本体安装，承包给汽轮机的总费用是25万，包括人工材料和机械费用。

对于外包的控制也是有约定的，承压受监管道、受监部件严格受控不随意外包，外包单位的资格严格受控，并由相关发包者（专业分公司）负责过程监督。外包项目的费用在发包专业分公司的相关项目承包费用中扣除。

锅炉部分的焊接热处理工作全部切给汽轮机专业分公司，热处理归汽轮机专业分公司管理。如90万kW机组，汽轮机专业分公司以150万承包了整台机组的热处理工作。

焊接金属检验费用切块给试验检验中心。

2. 结算

专业结算都是由专业分公司直接向公司结算，各分公司将本专业分公司在各项目的结算情况汇总后统一到经营部核准，再到内部银行结算。

其中，也必须经过各项目对本项目中各专业结算情况的确认签字才能生效。比如，在人工、进度、质量、安全、文明施工等各方面予以确认。项目还占用各专业本月结算总费用的 5%来对各专业进行嘉奖或经济处罚。以某工程为例，锅炉专业有 80 万作为项目考核基金。

由于结算的口径是以工程量为主，所以在焊工和钳工的分配节奏上也是有区别的。某个阶段中，同样的施工进度，钳工以就位找正结束算工作量，而焊接还没有开始焊接没有实物工作量，所以奖金也是有很大的区别。

在某种意义上来说，公司和专业签订的承包费用只是一种“粮票”，是一种可以使用的额度，所有兑现都有文件的约定，双放都自觉履行。

为了保证焊工的收入不被专业分公司任意增减，焊工的岗位定级由焊接管理中心和劳资部门确定并相对固定，固定部分的工资由公司劳资部门发放。专业分公司只发考核的奖金部分。焊接人员中除管理人员外，焊工基本是以焊口数量和质量来进行结算。

3. 内部考核

该公司对焊工的考核和激励机制主要有分四个部分:

（1）根据焊工的资格能力评定其岗位，岗位工资为固定的部分。将能焊Ⅰ类焊口的焊工为Ⅰ类焊工，定岗为 9 岗；焊Ⅱ类焊口的焊工为Ⅱ类焊工，定岗为 8；焊Ⅲ类焊口的焊工为Ⅲ类焊工，定岗为 7 岗；岗级的评定是相对固定，每年按实际变化重新评定一次。

（2）焊工实行产量和质量计件奖，管理人员按岗位得相应的月奖，奖金作为浮动部分和固定岗级工资分开。固定岗级工资部分由公司统一发放，奖金有分公司发放。产量计件有统一标准价格，例如ϕ600×60mm 的 P91 焊口每只 1200 元。质量影响焊口单价，不同的焊口有不同的质量扣率，例如ϕ60×5mm 的焊口质量达 97%时为 1; 小于 97%时为 0.8; 小于 95%时为 0.4。

（3）优秀焊工的评定。每年评定一次优秀焊工，被评为优秀焊工的在原来的岗级基础上提升一岗，评定名额为焊工总数的15%左右。优秀焊工的评定是一种荣誉，也是一种很好激励机制。

（4）老焊工的待遇政策。年满45岁的老焊工，不能再从事原来的第一线焊接工作，按其历年的技能等级，不论以后从事何种岗位，岗级工资在原来的岗级上下浮一岗。历年的技能等级是指连续15年最高技能等级。

优秀焊工评定、焊工岗级评定、老焊工转岗后的岗级评定都是由专业分公司报材料，经过劳动部门和焊接管理中心审核认定。

公司对不同焊接管理岗位的待遇也是按工作实际来考虑的。

在汽轮机或锅炉专业分公司内部，焊接人员的岗级分焊工，焊接班组长、焊接工段长、焊接质量检验员、焊接技术员等几种等级。焊工为7～9岗；班组长10岗；焊接工段长12岗；质量检验员9岗；技术员10～11岗。

除焊工和班组长的奖金以焊口计件外，其他人员都是以月奖的形式考核工作业绩，焊条管理员奖金系数为1，质量检验员的奖金系数为1.4。考虑到班组长的工作特点，每月对以计件获得奖金的班组长发给600元的工作津贴。

对于重要焊口以特定的奖励来鼓励焊工完成优质的焊接产品，例如。一个直径为600mm，壁厚为60mm的P91焊口奖金是1200元。

由于焊接管理人员的资源有限，在项目中凡是有专业分公司在项目中兼职的，项目给予一定的津贴。例如，各专业分公司的焊接工程师在项目中兼任工程部焊接工程师对内对外开展业务对口的，每月给予1000元的管理复合岗津贴。

为了不使焊工这一宝贵的人力资源流失，当工程空闲时，每月给在家休整的焊工500～600元的基本工资。工程需要招之即来。

计件制焊工的调动在项目之间是很频繁的，对于工程调动的误工，专业分公司给予在规定的期限里每天50元的补贴，由调入方支付。

对当月焊口量达到150个当量、质量达100%时，给予该焊工400元的嘉奖，第二个月保持记录的给予800元嘉奖，连续保持记录者给予等差级数的增长幅度奖励。

该公司对于焊接质量差的人员的惩处也是严厉的，在工程中，当焊工一次合格率低于93%时，该焊工必须下岗，岗位工资下浮一级，并退回培训班重新培训考核，培训期间没有奖金。

4. 值得借鉴的和我们的差距

AH公司现行的焊接管理上的一整套措施，是多年来公司层面重视焊接专业发展的成果。有一个专门策划焊接专业发展的行政管理部门是焊接专业可持续发展的组织保证。由于焊接专业是一个很特殊的管理对象，职责被分散落实在各个管理部门而没有统一的规划，那么管理的多头和不同部门管理目标的侧重面的区别，使得焊接专业的规划反而被忽略。例如，焊工在很多电建企业内一直是很有争议的工种，重视的程度没有被政策和具体的待遇所反映，焊工的奖金一直令领导和被领导所不满。

通过对AH公司的考察，有几点是可以借鉴的:

（1）正视焊接专业的特殊性，设有专门的行政管理部门加强焊接专业的管理。在与公司正、副经理的交流中，他们也认识到焊接专业要是不集中管理，资源的利用还是很浪费的。要是集中，焊接机械设备应该和焊工归在一起，否则焊接就成为单纯的劳务而不适合环境（市场）的实际情况。要单独切块，现行的人工定额与市场严重脱离，必须有一个合理的测算方法，否则很难实现有序的经营管理和生产管理。按现在的统计，要保证焊工的收入与公司保持平衡，一个焊接当量（以锅炉最小口径受热面焊口计）要 50～60 元。如果包含材料、机械台班、工器具等必须是 80 元一个焊口才能维持。

目前，由于还没有更合理、可行的切块方式，专业管理上明确部门的权限是最简便可行的。一方面是焊接分散在汽轮机和锅炉专业分公司消化了由于专业切块而带来的管理矛盾，另一面焊接管理能在公司统一的管理口径（部门）下得到发展。

（2）焊工的待遇有专门的政策兑现。焊工的待遇基本是用经济手段来实现，焊工的岗级有升有降也是动态的。对于焊工的能力评级专业分公司只是申报，具体的核准是焊接管理中心和劳动部门负责。兑现不受该焊工所在分公司的经济能力所限制，由公司劳动部门执行。

这里面，焊接管理中心起着很重要的作用，他站在公司的立场上，针对焊接专业的现实和管理的要点，在焊接技术管理及焊接技术的发展、对焊接人员激励措施的策划、对焊接人员资格的确认和调配、对焊接培训的规划、对焊接设备的采购评审等各个方面都起着积极的作用。

（3）对焊工的激励是多元化全方位的。在激励的做法上，从岗级的评定、转岗的待遇、优秀焊工的评选都体现了对焊工历史业绩的重视。

现在的老龄焊工，在年轻高出率时期是很少的物质奖励甚至没有奖励，焊工的工作寿命比其他工种短暂而且在公司焊接专业的发展壮大上有不可否认的奉献，在其他工种的同龄人还能以技术和体力获得现在高额奖金时他们已经力不从心，已经不能实现焊接产量和质量的高要求。根据这种特点，该公司现在实行的激励政策是重点奖励现行，不忘抚慰历史。

对于焊接技术力量培育，重视师徒关系的确立和重视这种关系的能量，几年来的经验，发现焊接专业师徒关系的存在对焊接技术的培育有很积极的作用。师傅把徒弟的技术掌握能力的大小看作是自己的一个产品质量，而徒弟也将师傅比作是自己今后技能发展的依靠，双方都是很尽心尽力地去努力。因此，对于带徒的师傅给予每年400元的津贴，并在年终综合评定徒弟的成长情况以对师傅的带徒能力做出评价，以此来推动焊接技能的传承。

（4）焊接培训中心作为公司焊接力量的储备基地，将最好的焊接技师安排在里面从事培训管理工作，并不是将焊接培训中心看成是一个老、弱焊工的一种出路。焊接培训中心现有技术指导教师4名，全是曾经获奖的技术能手，并有善于传教的能力。

我们的差距主要还是在管理机制上，在技术等级方面我们并不落后。

我们是缺少行政管理部门针对焊接特殊性而在激励上给予合适的考核，也没有能正视现行焊接专业劳动定额存在的缺陷而合理地确定这一专业工种的地位。如AH公司的焊接施工人员的奖金额比同等岗位的其他工种要高出25%，焊工的这种收入增长也带动了其他工种的收入增长，这种激励环境他们已经蔚然成风。

还有这样一种情况不该被忽略：对焊工的激励措施往往要在经理的督促下才会勉强启动，而直接管理人员对焊工重要性的认识仍然是带有抵触的情绪。这些情绪包括放任、纵容焊接质量做假；不重视焊工中的优秀苗子；阻挠质量监督管理等。

多年来，由于对焊接专业的疏于管理，技术等级不被尊重，焊工学技术的动力削弱；技术水平高低所得的报酬没有区别，使个人竞争意识麻木；有着优秀传统的焊工钻研技术的环境被忽视质量和忽视优秀焊工的氛围逐渐污染。

通过对几个公司的考察，焊接专业公司或者焊接管理中心并不是唯一的形式，企业只需要将某个为焊接专业考虑的职责落实在某些相关的管理部门也是可行的，只是在某一职能上其他管理部门必须和这一部门建立很密切的协作关系，共同实施既定的政策和落实相应的措施。总之，焊接专业不可被忽略。

企业要研究能形成一种包括所有专业技术性强的工种的激励机制（不光是针对焊工），正确认识焊接作业的重要性和不可替代性，明确焊接技术发展和资源管理部门的职责，并重视对专业骨干的培养和扶植，从而制订出合理先进可行的激励措施，从多角度形成一个焊接专业化的管理体系。例如进一步完善考核的焊口计件奖励制度；制定焊接人员晋级考核条件；规划人力资源培训等。

三、焊接专业集中管理内部承包经济责任制面临的问题（研讨会交流文章节选）

焊接专业经济责任制的方式及面临的问题

（2005 年电力工业焊接工程施工组织和经营管理研讨会南昌会议交流稿）

随着电力建设企业经营业务的多样化发展和企业内部专业承包的广泛开展，焊接专业承包也被推向了企业内部经济核算的同一起跑线上。同时，焊接专业承包的方式在以后的经营管理中被逐渐重视起来。之所以被重视，是因为焊接专业在承包的进程中，凸显出了越来越多的急需解决而又令企业经营专家烦恼的核算、结算等经济责任的问题。正因为经济责任的落实和实施的难点对各施工企业造成的管理影响深度不同，或者说是各企业对焊接专业核算经营管理环境的不同，而出现了各种焊接专业承包独立核算不同的组织形式。而在不同经营管理环境下的专业独立承包的绩效也是不尽相同的。

一、对焊接专业非承包模式管理的反省

焊接专业工地（队）非承包形式的集中管理，在大型电站建设工程中是发挥了积极的作用，对施工管理、质量管理、进度管理等都起到了很好的执行者的作用。在推行项目管理、并基本都实行项目承包的大环境下，非承包的专业工地的管理受到了冲击。

经过调查，焊接专业工地在非承包模式环境下呈现的不足，主要有以下几点：

1. 经营自主性不够

专业工地的经营活动是从属于公司的经营活动。专业工地所承担的施工项目均是公司指定下的项目经营行为，而专业工地对各项目的管理行为没有经济责任的动力。一是从动于公司，自动运行能力很差。无法根据工地业务变化而做出快速有效的反应。二是非承包模式专业工地一级尚未有内部自治的动力，迫于经营机制，失去主动性。

据调查，非承包模式专业工地和项目对工地的人力自主权均有所微词，一方认为，工地不顾项目经营效益，大量耗工转嫁在项目，使项目成本无以控制，人力流动失去必要的竞争压力。另一方认为，项目不体谅工地人力资源的困窘和实际情况，对人员的要求过于苛求，配置需求计划不合理。

2. 成本控制自主权不足

只有当真正“自负盈亏”，才能形成自我激励，自我约束的机制。

构成成本的三项费用，非承包模式专业工地不能真正实现控制，光以节约为原则没有可操作性的措施保证，是很难实现成本的合理最小化。

在人工费用上，不合理的工期和不科学的工序造成人工的额外消耗。用工制度也不尽灵活。

在机械费用上，存在着租赁费用的不合理和不必要的等工计费的不合理，机械的能力不能完全按需要而租赁，使台班费难以控制。

在材料费用上，价格不透明，结算不及时，事先控制的功能很差。

非承包模式专业工地的成本控制只停留在工地主任的口头上。大都被调查者认为他们心中是没有底的。他们只能关心进度和奖金。

二、专业工地承包模式下落实经济责任必须解决的问题

（一）人力资源的合理配置问题

对专业工地而言，它仍具有一个组织的管理自然属性——即由有效组织生产力而产生的管理性质。这一性质决定了项目对人力资源配置的重视程度。

作为施工企业，施工技术力量与人力资源是首要的生产力。所涉及的管理人员和作业人员直接影响项目经济的效益。同样，人力资源配置变成了专业工地主任首要关心的问题。

在项目实行承包环境下，专业工地对人力资源的管理赋予更加明显的经济化色彩。人力资源的配置应该做到合理，为各类人员创造一个自我约束自我激励，具有竞争压力的环境。

在工程项目多，专业工地内部管理岗位也由此而增多，在岗位多人员缺少的情况下，不利员工的主动性开发。但

在另一方面，专业工地要管理众多的项目工程，对管理人员的要求又是提出了高的要求。这要在工地内部形成一个利于员工竞争，也利于发挥积极性的竞争空间。形成这种竞争的环境和空间，必须有一个以经济责任制为主的支撑。

（二）内部劳动力市场的开发问题

从市场的属性而言，它是一种社会分工的产物。在企业内部它也同样是管理职能的分工。专业工地实行专业承包后，对于焊接专业人员，焊接专业工地无形中就是一个焊接人员的劳动力市场。这样一个企业内部的劳动力市场，行使的是焊接劳动力的储备输出以及焊接劳动个体的技术培训。各焊接人员作为市场概念中的一个客体，只有通过内部劳动力市场管理部门——焊接专业工地，有组织地以集体和个体的名义提供劳务。专业工地实行专业承包后的管理，焊接劳动力市场就成为公司安排焊接人员就岗和对项目提供劳动服务的主要渠道。这样，必须有一个支持焊接劳动力市场运行的经营机制，必须有一个符合企业实际情况和基本与市场接轨的焊接人员用工制度。

要实现内部焊接劳动力市场的有序管理，应该解决两个问题。一是劳动力应该可以满足项目的施工需要而不是简单的体力调配，这就要求实行长效管理，加强培训。使每个劳动力具有必要的应知应会。二是必要的焊工和重要钢种焊工应该保持基本的储备量。也就是在数量上必须适应各项目的需求，不能依赖社会劳动力市场。

公司多个项目的施工，各项目有可能出现劳动力之间的富裕和紧缺矛盾。这要求专业工地不仅是在调配上做简单的平衡工作，而且还必须对公司的近期投标动向有清楚的了解，主动有意识地开展培训和劳动力准备。

实行内部劳动力市场的管理，经济方面的问题应首先予以考虑。用工的价格核定和费用的分别核算的程序，都必须与公司有关部门达成明确的共识。

专业工地作为焊接人员内部劳动市场，应该充分估计到作为市场形态而出现的供求矛盾。例如：用工的峰值期、项目增减的趋势等。此外，内部劳动力市场的客体不是简单的商品，而是公司的员工、本专业的技术工种，专业工地不仅要对其进行必要业务技能培训，还要负起对其思想、情绪的引导的责任。否则，劳动力市场输出的是不合格“商品”。

专业工地要建立对需求的预测机制，以便对富裕劳力的疏导和对紧缺劳力的引进。还应该展开必要的对外调查，以确定一个有竞争力而又兼顾用工成本的劳动力价格，掌握紧缺焊工的市场容量和需求等信息以实现焊接人员资源利用的效益最大化。

（三）专业工地承包成本控制问题

专业工地承包后，并不是所有的管理权限都下放到专业管理这一级。人员的调动、机械的租赁、材料的采购等权限仍然集中在公司的管理部门。而人工、机械台班、材料三项费用是构成项目成本的主要因素。

1. 材料费

现在有众多非议的就是材料采购问题，专业工地对材料价格不透明、管理层次过多、账目金额失控感到担心。对材料费只能是事后结算，而不是事前的控制。专业工地主任往往对工程进程中所发生的费用心中无底，原因就是材料款项结算不及时。

专业工地要控制成本，采购价格应该透明并完善物资供应的结算体系，使专业工地管理者真正做到心中有数。

2. 机械费

机械台班的租赁也是专业工地主任们所关心的问题。一是机械的使用不能按需取舍。二是焊机和热处理设备等施工机械的技术状况不尽人意。维修、停工费用多，机械管理部门管理跟不上现场的变化。

实行专业工地承包管理后，机械费用成本反映在专业工地中，专业工地势必加大机具的考核力度，机械的租赁形式也必须做出相应的调整，机械管理部门也应跟上相应的考核体系。公司和专业工地同时要考虑机械总能力和资金问题，要合理使用焊接施工用机械，才能对降低成本起到作用。

3. 人工费

人工费用是妨碍焊接专业承包进程最大的阻力。

对于人工费用，在内部劳动力市场的调剂和竞争作用下力求实现优化组合，实现合理配置，努力克服硬塞、充数的现象。

但是，在核算上，焊接专业的劳动定额历来是以作业时间来考核的，是一个技术性定额，它与安装工作有本质不同的定额计算方法，因此，在对施工项目进行费用拆分时，安装和焊接劳动定额发生很悬殊的额度，即使对焊接专业进行行政调整也缺少可以被说服的依据。

因此，专业工地承包的费用核算必须选择一个合理可行的方法。合理性上要考虑焊工和其他工种的岗级的不同、焊工培训考核的经常化等发生的费用；可行性上要考虑焊接定额的固有特性、企业的支付能力和与相关专业的同比水平等。

成本控制的绩效，最后反映出专业工地承包经营是否盈亏。现在，不少企业的焊接专业工地承包后都存有两个自己专业力所不能及的担心：一是承包额和承包费率往往以中标额为依据。二是投标者或企业管理者往往将盈利完全寄托在专业工地的经营管理上。

此外，管理成本的问题，还应加强廉洁监督，不能将承包后的专业工地管理者作为一种公费消费的职位。

（四）专业工地承包方案的策划问题

承包方案是各专业工地管理者最关心的问题，他们都希望有详尽而可行的方案。所谓详尽，是指所有涉及专业工地承包经营的管理事项都要有相应管理制度或配套的子方案，公司职能部门不能以包代管。专业工地对承包方案有双重的心态：一方面是他们需要的自主权空间足够大，包括用人、资金、对员工报酬等。另一面是要求公司职能部门所给予专业工地的服务足够多。这种双重心态反映并不是坏事，它至少表明了承包人对公司的索取有多大，同时又暗示公司实行专业工地承包并不仅仅是承包人个人的作为，企业仍应该为实行专业工地承包管理而有所作为。

承包方案对企业而言不外乎用工制度、机械租赁制度、经济核算制度等。对专业工地内部而言有考核、奖惩、培训、政务、技术管理等。

（五）关于企业文化和企业形象的问题

企业文化是存在于企业和个人中的种种特性和态度的总和，它建立一种超出一切之上的观念。企业形象是种种特性和态度的具体表现。专业工地承包在绝大多数人的心目中是以经济指标为核心的，必须下工夫保证在注重经济效益的同时也重视企业文化，企业文化的构筑也必须考虑必要的资金投入，这是相互关联的。

企业文化是企业在长期过程中由全体员工共同创造的推动公司发展壮大的精神财富。焊接专业有自己的文化，这是长期以来老一辈焊接专业人士给后来者留下的财富。

用工优化组合的同时必然会导致一部分焊接人员的淘汰，其中包括老龄焊工，也会将一部分劳动力缺口寻求社会力量来填补。当社会力量作为专业工地的一部分时很难想象企业的形象会不受影响。外借人员质量意识差，工艺纪律涣散，例如：施工人员不执行现场技术人员的作业程序等。

专业工地承包后，内部管理要有新的管理意识，要杜绝专业工地承包者的短期行为，克服在任期内拼设备，拼人力资源的现象。在环境保护、职业安全健康和质量管理上应投入必要的资金，担负起维护企业的综合形象的责任。

因此，专业工地承包后，如何完善本专业在经营哲学、企业精神、企业民主、企业目标、企业管理体系、企业形象等多方面的工作。

三、对焊接专业承包方式的思考

专业承包在成功典例的基础上，焊接专业承包也将是必然的。因此，现在要思考的是怎么实现焊接专业的承包，而不是焊接专业要不要承包或者可不可以承包。

所以，思考的第一个问题：

焊接专业承包的关键是不是经济核算工作？

焊接专业的定额历来是以作业时间来考核的，它与安装工作有本质不同的定额计算方法，因此在拆分安装和焊接劳动定额时显示出了焊接定额的局限性。

有以下这些例子：

江苏省电力建设第三工程公司根据多年来的核算经验，对焊接的核算切块有着较合理而成功的经验。在公司切快模式下，焊接专业工地和其他专业一样，独立核算坚持了1985～2000年的15个年头。由于焊接专业的核算过于繁琐，又总是离不开公司行政的干预和补贴，所以从2000年开始撤销焊接专业工地成立热机专业工地，将焊接专业归并于热机工地。

广东火电建设总公司前几年在和其他专业划一的核算模式下，历年的亏损累计达几百万元，公司一直在用行政的手段维系着。2004年，他们以焊接培训中心为主体组建起来的焊接工程公司，采用单独的核算方法（引进了电力行业的焊接劳动市场机制），一年下来取得了成果。（见国家电力焊接信息网中国工程建设焊接协会 2005 年 1 月 13 日出版的第 534 期信息参考报道《广东火电工程公司在专业化道路上挺力前进》一文。）

北京电力建设公司从 20 世纪 80 年代成立焊接专业工地后，也由于核算问题曾于 2000 年解散，当发现焊接优势在削弱后，修订了核算方法，于 2004 年 11 月又重新组建焊接专业公司。

从这些公司的情况看，成败的主要原因还是经济核算的问题牵制了焊接专业承包的进程和发展。

推行专业承包，在焊接技术管理人员和作业人员资源都是存在缺口的情况下，进行焊接专业管理不乏是个好的举措，这样有利于技术管理，在人力资源上也能得到合理的调配，充分利用有限的资源，提高劳动效率。

专业管理如同一个企业一样，所有的管理都是以赖以生存的经营管理为基础，也是以效益为前提的管理，因此，要使焊接专业能健康地发展，作为公司内部核算体系和内部价格体系的一个组分，采用合理、有效、适合于焊接专业的独立核算承包方法是主要的。核算工作是关键。

思考的第二个问题：

公司对焊接专业考核的重点应该放在哪里？

专业是承包的主体，而企业就是对专业承包或项目承包的考核主体，在两者的关系上，核算比承包更显得重要，承包提倡多年来，核算的成败就是承包成败的必然，没有合适、合理的核算方法，承包只能是停留在愿望上。对专业工地的核算工作，在基础资料和观念上的落后，一直阻碍着企业实行专业承包的健康发展。在几年前有的电建企业的专业工地承包，就是由于没有合适的核算方法和考核工作跟不上而中途废止。

对焊接专业的核算不同于以往对机务专业的承包核算，焊接专业特定的内容使得现在任何一种核算方式本身都显得有缺陷。如果在对焊接专业承包也追求狭义的经营效益，则会在承包方式上、核算方法上或考核内容上走入争执不清、理还乱的局面。

承包也应该有法可依，而不是迁就或妥协。公司内部应该对焊接专业有个单项工程承包价格，实际上就是一个在各施工项目中能统一参照的“法”。有过这样的例子，某个专业承包时漫天要价，主要是公司没有一个承包的好办法和完整的基础资料的积累，牺牲了的工期往往用加大了的承包金额来弥补，一方面是扰乱了公司内部承包的市场，另一方面造成的负面影响很大。

但是，要在公司内部制定一个适合于不同专业的承包核算方法显然是不容易的。如果在同一个承包原则下，根据不同的专业特点来考虑不同的核算方法和考核内容还是比较理性的。因此，焊接专业应该有一个基于成功企业的经验建立起来的经济核算方式供焊接专业承包在实践中应用。

焊接专业有一种服务于别的专业的工作特性，在完成劳动定额方面是从动的，作为焊接产品的每件作业对象，都是在钳工的掌握之中。焊接出产品的节奏，由于工艺技术时间的限制而没有办法提高效率。而钳工则不然，他们可以有大量的调剂余地来平衡劳动定额，利用廉价劳动资源，甚至利用先进的作业工具来提高效率。因此，焊接专业的承包核算应该有与安装专业不同的核算方法。

在三项直接费中，焊接专业对节约成本方面的考虑，没有很大的余地，机具费的使用不需要大型设备，人机配合紧密；材料的款项占很小的一部分，材料节约也只是减少浪费，不存在废物利用和材料代用的问题。

除此之外，那就是焊接质量和满足施工进度成为考核焊接承包的主要指标。这两个指标中都是隐含了对人力资源投入的要求，也溶入了质量成本管理的要求。

因此我认为，要实行焊接专业承包，首先要建立一个专业和项目的关系模型，要充分考虑两者在公司经营中的地位和所承担的作用。

要实行专业承包，必然有对业绩的考核，于是，又回复到承包时核算的依据和标准。因此，必须再次强调：公司对专业的核算应该先行，否则承包没有效果。

四、可以采取的措施（略）

五、结束语

上海电力安装第二工程公司在 1975～1993 年期间曾经两次组建焊接专业工地，这一组织形式在当时的环境下也曾有过很辉煌的业绩。随着电力建设环境和企业经营管理理念的变化，原来的焊接工地组织形式缺乏可持续发展的空间和动力，对环境适应性的反映也越来越明显地阻碍了企业施工管理能力的提高。因此，两次组建焊接专业工地分别在 1979 年河南开封 125MW 机组工程、1993 年吴泾六期 2×300MW 机组竣工后解散。

本文是在和成功企业交流的基础上的个人总结，也是一种探讨，理性的东西多，并不一定具有可操作性。

第六章

铝母线焊接技术发展

张　力

火力发电厂将强大的电流输入电网，为国家经济发展和日益提高的人民生活水平提供了电力资源。发电厂的发电机组通过输电母线送入电厂的变电站，再由变电站送入电网。

1953～1955 年我国第一台由苏联援建富拉尔基热电厂 2.5 万 kW 机组输电母线是由导电性能良好的铝金属制作的。其母线为铝材板型，焊接接头采用气焊，由两人持烤把预热，一人施焊，劳动条件极为艰苦。而后由原水利电力部建设研究所推出了用碳弧焊焊接铝母线，劳动条件有所好转，且接头质量有所提高。为推广这一技术，由原水利电力部电力建设研究所在 20 世纪 50 年代中期办了两期铝母线碳弧焊培训班，为电建企业培养了 40 多名焊接技术工人，并制定了《铝母线焊接技术规程》。

20 世纪 60 年代初期由苏联援建的三门峡水电站铝母线曾使用手工钨极氩弧焊，但由于设备及氩气供应问题，而没有得到推广。

20 世纪 70 年代以后，铝母线逐渐采用了手工钨极氩弧焊，大机组的母线开始采用管型封闭母线。随着氩弧焊工艺方法的应用和发展，铝导线的氩弧焊技术已代替了气焊和碳弧焊，这种工艺方法既保证了铝导线的焊接质量，还提高了劳动效率，减轻了劳动强度。

根据国际《电气装置安装工程施工及验收规范》的有关规

定，铝母线焊工应经考核合格才能上岗工作。1990 年 2 月 19 日中华人民共和国能源部基本建设司委托北京电力设备总厂在 1990～1991 年内对电力基建单位凡从事铝母线 TIG 和 MIG 焊工进行培训和考核，合格者颁发统一的合格证书。按照上级要求北京电力设备总厂在这两年里共计开了三期培训班，培训 46 名氩弧焊焊接技术工人。鉴于北京电力设备总厂对铝金属焊接技术工人培训的成果，能源部司局下发文件，基工〔1991〕29 号“关于铝金属焊工考核取证等的通知”，委请北京电力设备总厂负责对电力系统铝金属焊工集中培训考核发证。根据通知要求北京电力设备总厂成立了铝金属焊接技术委员会，在北京电力设备总厂焊接室对来自全国各电厂、各电建公司的焊接技术工人进行铝金属的氩弧焊培训，主要培训钨极氩弧焊和熔化极氩弧焊两种焊接方法。

培训用板材，材料均为工业二号纯铝，钨极氩弧焊选用 7mm 铝板，焊材选用 ϕ5mm、长度 1m 的铝硅棍焊丝，钨极选用 ϕ4mm 的铈钨棒；熔化极氩弧焊采用 10mm 铝板，焊材选用 ϕ1.6mm 的盘状铝硅焊丝。焊接时选用 99.99%的工业氩气作为保护气体，根据培训情况北京电力设备总厂焊接室撰写了《铝金属焊接技术规程（试行）》。早期培训是每一种焊接方法考核 6 项，即角焊缝：立角、仰角，对接焊缝：平、立、横、仰四个位置。根据实际需求以后增加了平角焊位的考核，即每种焊接方法考核 7 项。

经过近十年的铝金属焊接实操与理论培训的摸索，根据原电力工业部科技司技综〔1996〕40 号文的要求，原电力工业部电力建设研究所组织行业内相关单位组成标准编制组，于 2001 年 2 月 12 日发布了 DL/T 754—2001《铝母线焊接技术规程》；2012 年根据国家能源局《关于下达 2010 年第一批能源领域行业标准制（修）订计划的通知》，有关单位组织对 DL/T 754—2001《铝母线焊接技术规程》进行了修订，于 2013 年 3 月 7

日发布修订后的 DL/T 754—2013《母线焊接技术规程》。通过多年的理论讲课北京电力设备总厂摸索出适合低学历焊接技术工人的理论教材，此教材受到实操焊工的好评。

2000 年经中国电机工程学会电站焊接专业委员会授权，把北京电力设备总厂焊接室更名为电力行业铝母线焊接培训中心（对外）。

电力行业铝母线焊接技术培训中心到 2015 年底为止，共培训取证铝金属氩弧焊技术工人近 600 名。

2001 年以前铝金属焊工合格证是由中华人民共和国能源部焊接技术委员会授权发放；2001～2014 年铝金属焊工合格证是由中华人民共和国国家经济贸易委员会授权发放；2015 年至今铝金属焊工合格证是由国家能源局授权发放。

第一节　铝金属焊接材料、焊接设备及工艺的应用及发展

一、焊接材料的应用与发展概况

1. 铝金属焊丝的选择

焊丝的选用应根据铝材的化学成分、性能、焊接性和焊接接头的使用条件等因素综合考虑。焊接纯铝、铝锰和铝镁等合金时，一般应选用与母材成分相当的焊丝。

对 2 号工业纯铝、防锈铝合金焊接时尽量选用与母材成分相近的焊丝。因为在氩弧焊时，合金元素几乎没有烧损，如果焊缝成分与母材相近，其各种性能指标也应该相近。在手工钨极氩弧焊没有专门焊丝时，直接采用从母材上取焊丝的方法。

在封闭母线制造厂和现场安装封闭母线时，过去只考虑焊丝导电性、成分与母材相近，但在熔化极氩弧焊（MIG）焊接过程中发现在刚性较大时会出现焊缝裂纹，而且在焊接过程中

由于焊丝较软，焊丝常常被卡（导管长造成的，导致焊丝大量的浪费），工艺性能较差。而改用铝硅焊丝时除导电性能下降，并在允许范围（大约下降 5%）内，其余性能如抗拉强度、工艺性能均有较大的提高。所以在选择焊丝时应多加以考虑。目前选用铝硅焊丝来焊接 2 号工业纯铝。

铝锰合金最早使用在变电站母线上，我国根据实际情况研制出铝锰焊丝，这种焊丝在国外没有对应的焊丝。过去人们还不敢用铝硅焊丝代替，在查阅国外主要焊丝厂家推荐对铝锰合金焊接使用焊丝为铝硅焊丝，而且铝硅焊丝的拉力强度与铝锰合金拉力强度相近。在焊接铝锰合金时，一般选用铝锰焊丝或铝硅焊丝。

焊接铝镁合金时，为补偿焊接过程中镁的烧损，一般选用含镁量高的铝镁焊丝或者与其相应的铝镁焊丝。异种铝金属焊接时，宜选用与材料强度级别低的一侧匹配焊丝。

2. 钨极的选用

钨极氩弧焊的电极，早期按 GB 4191—1984 的规定选用耐烧损、放射剂量小的铈钨棒或镧钨棒。早期用的是纯钨、钍钨，由于纯钨、钍钨的放射性比铈钨强，故放弃使用。

钨极直径应根据使用电流大小选用，钨极直径过小则电流密度过大，钨极烧损严重；反之，电弧燃烧不稳定。

钨极伸出长度一般 3～5mm，伸出过长，氩气保护效果降低；伸出太短，操作不便。钨极尖端的几何形状会影响焊缝成型和电弧的稳定性。

3. 氩气的选用

氩弧焊用的氩气纯度应不低于 99.99%，应严格控制其他杂质不得超过当时 GB 4842—1995 的规定［如氮≤70×10^{-6}（质量分数）、氧≤10×10^{-6}（质量分数）、水分≤20×10^{-6}（质量分数）等］。要特别注意气钢瓶的标志、包装、运输、储存应符合《气瓶安全监察规程》和《危险货物运输规则》。

二、焊接机具的应用和发展概况

早期的气焊、电弧焊已逐渐走出历史舞台。氩弧焊机应选用电气性能良好、电流调节灵活、工作性能稳定、操作方便和绝缘性能可靠的。铝母线常用的钨极氩弧焊焊接设备是要求焊接电源为交流或方波。熔化极氩弧焊焊机（MIG）要求送丝系统要稳定，最好是四轮驱动。

1. 交流手工钨极氩弧焊（TIG）设备

铝母线常用的焊接设备是 WSME-500 型交流手工钨极氩弧焊机，它是由焊接电源（即交流弧焊机）、冷却水箱和焊枪等三部分组成。

钨极氩弧焊宜选用 150～500A 水冷式焊枪。钨极氩弧焊枪根据使用焊接电流可分大号（500A）、中号（350A）和小号（150A）三种，长度一般为 6m。氩弧焊枪中气管和回水管有时难分辨，可采用吹气方法，吹气通过氩弧焊枪头部为气管，反之为回水管。

2. 熔化极氩弧焊（MIG）设备

目前电力行业铝母线焊陪中心使用的伊萨焊机及国产焊机，熔化极氩弧焊宜选用 500A 自冷式或水冷式焊枪。

氩弧焊枪根据焊接方法不同、选择的焊接设备不同而不同；熔化极氩弧焊枪在现场安装最好选用自冷式。

第二节 焊接工艺的应用及发展

最早焊接铝采用的是火焊和碳弧焊的方法，由于操作复杂已被氩弧焊所替代。目前我国设计的封闭母线 12.5MW 到 1000MW 机组，导体铝板厚度最薄的 3mm，最厚的 20mm，一些接头部分铝板厚度达到 25mm。针对不同的母材板厚选择不同的焊接方法。

一、铝金属的焊接特点

（1）由于铝及铝合金的特殊物理性能，如比热大、导热率高、溶解热大等，因此尽管铝的熔点大大低于钢，但焊接时比钢要消耗更多的热量，必须采用热量集中、功率大的热源，一般焊接电流比钢大20%～50%，有时还要焊前预热。

（2）铝在固态和熔融状态下极易氧化，在空气中易和氧结合生成致密的三氧化二铝氧化膜（Al_2O_3）。

（3）铝的线膨胀系数大，易产生焊接变形，且热裂纹倾向性大，铝及铝合金的线膨胀系数约为钢的2倍，凝固时的体积收缩率达6.5%左右，因此易产生焊接变形。

另外，某些铝合金焊接时，在焊缝金属中形成结晶裂纹的倾向性和在热影响区形成液化裂纹的倾向性均较大，由于过大的内应力而在脆性温度区间内产生热裂纹，这就是铝合金——尤其是高强铝合金焊接时最常见的严重缺陷之一。生产中防止这类裂纹的措施主要是改进接头设计，选择合理的焊接工艺参数和适应母材特点的焊接填充材料。

（4）易产生气孔，由于液态铝溶解氢的能力强，在焊接高温下溶入大量的氢，在焊缝冷却过程中溶解度大大下降来不及析出而形成气孔。

（5）铝及铝合金在焊接过程中由固态变为液态时，没有明显的颜色变化，使操作者难以掌握加热的温度，而且由于温度的升高强度下降，很容易造成焊漏或形成未焊透，因此常常采用垫板。

（6）受焊接热的影响，焊接接头有软化现象。焊接可热处理强化的铝合金时，由于焊接热的影响，焊接接头中焊接热影响区会出现软化，即强度降低，使基体金属近缝区部位的一些力学性能变坏。

热处理强化的铝合金焊接接头由于受热而软化，有时需重新热处理提高强度。

（7）焊接接头由于成分和组织的不均匀及其他缺陷，耐腐蚀性能低。

总的说来，纯铝、铝锰合金（LF21）、铝镁合金（LF3、LF5等）及一般的铸造铝合金，其焊接性是良好的。只要针对上述焊接特点采取合适的工艺措施，完全能够获得性能良好的焊接产品。

二、铝金属的焊接工艺

1. 焊接坡口形式尺寸

根据铝母线的结构类型和厚度规格，坡口形式与尺寸可参照 DL/T 754—2013《母线焊接技术规程》执行。

2. 焊前准备

（1）按照图纸或 DL/T 754—2013 所规定的坡口尺寸进行加工，加工表面注意不能产生裂纹和明显的刀痕，因为在进行化学清洗时，易存留清洗液，直接影响焊接质量。

（2）严格清除焊丝表面、坡口表面及其两侧 20 ㎜宽度内的油污脏物及氧化膜等，可采用化学清洗和机械清理两种方法。

（3）应在干燥及设有排风除尘的环境施焊，环境温度一般在 8℃以上，环境温度较低时，工件适当加热，相对湿度不应大于 85%。

（4）钨极氩弧焊调节电流的大小依据是板厚；熔化极氩弧焊的电流大小与熔滴形式有关，熔化极氩弧焊主要采用的是喷射过渡。

3. 焊接材料

焊接材料的选用在前面已叙述。

4. 焊接工艺参数

不同焊接方法的焊接工艺参数见表 6-1 和表 6-2。

表 6-1　　铝及铝合金钨极氩弧焊工艺参数

板厚（mm）	焊丝直径（mm）	钨极直径（mm）	喷嘴直径（mm）	预热温度（℃）	焊接电流（A）	氩气流量（L/min）
1	1.5～2	1.5	4.5～7		30～60	4～6
1.5	2	1.5	4.5～7		40～70	4～6
2	2～3	2	5～7		60～80	4～6
3	3	3	7～12		90～110	6～10
4	3～4	3	7～12		120～140	6～10
5	4	3～4	12～14		150～180	9～12
6	4	4～5	12～14	100	180～240	9～12
7	4～5	4～5	12～14	100	200～300	9～12

表 6-2　　铝及铝合金熔化极半自动氩弧焊工艺参数

板厚（mm）	焊丝直径（mm）	喷嘴直径（mm）	焊接电流（A）	电弧电压（V）	氩气流量（L/min）
8	2.0	20	180～280	20～27	50
10	2.0	20	280～300	27～29	55
12	2.0	20	280～310	27～30	55
14	2.5	20	300～320	29～31	60
16	2.5	20	320～350	30～33	60
18	2.5	20	350～400	31～34	65
20	2.5	20	400～425	32～35	65
22	2.5	20	400～450	32～35	65

钨极氩弧焊、熔化极氩弧焊在立焊时电流要相应进行调节。使用手工钨极氩弧焊焊接时，如果焊接工件散热面积大、环境温度低，就应考虑预热。对于熔化极氩弧焊焊接时一般不需预热，但是如果焊件板较厚、环境温度过低和散热面积大也要考虑预热。采用手工钨极氩弧焊焊时，预热一直维持到焊接

结束，而采用熔化极氩弧焊（MIG）焊时不需要。防止火焰加热在焊口上，这是由于加热致使铝材表面产生氧化膜，造成焊接困难及产生焊接缺陷。

为减少焊接变形和接头缺陷，直径大于 300mm 的管件对接接头宜采取对称焊。手工钨极氩弧焊焊接时应采用非接触法引弧。

焊接工艺是保证焊接工件和焊接接头质量的主要措施，焊接工艺同样包含了质量概念中的人、机、料、法、环。

三、质量检查与检验

铝母线焊接质量的检查和检验工作，实行三级检查验收制度，即自检、互检及专检相结合的方法，做好质量验收和等级评定工作。

铝母线焊接质量检查和检验工作，强调焊接全过程的监督，在焊接前、焊接过程中和焊接结束后等三个阶段都有检查，并严格按检验项目和程序进行。

铝母线焊接后焊接接头的检查范围、项目及数量见表 6-3～表 6-5 对焊接母线变形的要求及铝母线焊接接头的探伤要求，DL/T 754—2013 有详细要求。

表 6-3　　母线焊接接头检查范围、项目及比例

序号	范　围	检验项目及比例（%）			
		外观检查		搭接接头渗透检测	对接接头射线检测
		自检	专检		
1	发电机出口至变压器之间导体	100	100	5	10
2	主回路至厂用变压器之间导体	100	50	5	10
3	交、直流励磁导体	100	20	2	5
4	变压站中导体	100	20	2	5
5	其他部件	100	5	1	

表 6-4　　　　焊缝外形尺寸允许范围

<table>
<tr><th rowspan="2">接头类型</th><th colspan="2">焊缝余高</th><th colspan="2">焊缝表面高低差</th><th colspan="2">焊缝宽度（比坡口宽度）</th><th colspan="3">焊脚尺寸</th></tr>
<tr><th>平焊</th><th>其他位置</th><th>平焊</th><th>其他位置</th><th>平焊</th><th>其他位置</th><th>K</th><th>K</th><th>尺寸差</th></tr>
<tr><td>对接接头</td><td>2～4</td><td>2～4</td><td>≤2</td><td>≤2</td><td>2～4</td><td>1～2</td><td>—</td><td>—</td><td>—</td></tr>
<tr><td>搭接接头</td><td>—</td><td>—</td><td>≤2</td><td>≤2</td><td>—</td><td>—</td><td>δ+（1～3）</td><td>δ</td><td>≤2</td></tr>
<tr><td colspan="10">注：δ 为材料厚度。当两侧材料厚度不同时，δ 为较薄材料厚度。</td></tr>
</table>

表 6-5　　　　焊缝表面缺陷允许范围

<table>
<tr><th colspan="3">缺陷名称</th><th>允许范围</th></tr>
<tr><td colspan="3">裂纹、未熔合、密集气孔、烧穿</td><td>不允许</td></tr>
<tr><td rowspan="3">未焊透</td><td rowspan="2">单面焊缝</td><td>带衬垫焊缝</td><td>不允许</td></tr>
<tr><td>不带衬垫焊缝</td><td>深度不大于焊件厚度的 5%且不大于 1mm，总长度不大于焊缝长度的 20%</td></tr>
<tr><td colspan="2">双面焊缝</td><td>不允许</td></tr>
<tr><td colspan="3">咬边</td><td>深度不大于焊件厚度的 10%且不大于 1mm，长度不大于焊缝长度的 20%</td></tr>
<tr><td rowspan="3">根部凸出及凹坑</td><td colspan="2">不带衬垫单面焊缝</td><td>根部凸出不大于 4mm，凹坑不大于 2mm</td></tr>
<tr><td rowspan="2">带衬垫</td><td>可拆衬垫单面焊缝</td><td>根部凸出不大于 3mm，凹坑不大于 2mm</td></tr>
<tr><td>不可拆衬垫单面焊缝</td><td>衬垫的背面不允许有焊透凸出及焊穿凹坑</td></tr>
</table>

四、技术文件的保管

铝母线焊接技术文件的编制，可单独或与发电设备整体焊接工作技术文件共同编制，施工后移交有关部门。

（1）铝母线的技术文件应包括下列内容：

1）铝母线焊接工程一览表（焊接量、无损探伤量等）；

2）铝母线材质证明；

3）焊接材料（焊丝）质量证明书；

4）焊工技术考核登记表；

5）各项检验报告和射线探伤底片等。

（2）铝母线焊接过程中的有关事宜记录（如设计变更、返修记录等）。

铝母线焊接完成后，进行交接、验收时，应提供焊接技术文件，这些原始档案资料是将来设备运行及维修的依据。

第七章

火电建设焊接检验技术的发展

张学锋

一、概况

2005～2015 年的十年间，火电建设项目发展迅猛。2004 年末，全国的火电装机容量为 3.249 亿 kW，但至 2015 年底已经增加至 10.12 亿 kW，11 年内年均增长近 11%。虽然火电机组容量占比已经从 73.7%（2004 年）降至 67.9%（2015 年），但仍然占发电总量的 73.11%（2015 年）。

这期间，一方面，单台火电机组建设工期被极大缩短，比如 90 年代，一台亚临界 600MW 机组，从钢结构吊装至 168 投产，其建设工期长达 3 年，到了 2010 年前后，一台超超临界 1000MW 机组从钢结构吊装至 168 投产，其建设工期仅为 13 个月，而安装焊口受检数量，却从亚临界 600MW Π 炉的 2 万多个飙升到超临界 1000MW 直流炉的 4 万多个，甚至 300MW 超超临界机组的安装焊口受检数量，也超过 3 万个，锅炉炉型改变、参数提高，都使得安装受检焊口数量急速上升，也有的建设方出于对焊接质量的重视，更是将焊规规定的检验比例提高一倍；另一方面，机组蒸汽锅炉的主要参数跨越了超临界，T/P92、SUP304H、HR3C 等耐热钢、新型焊材被广泛使用，引发了一些新的问题。比如 P91/P92 材料制作集箱和主蒸汽、再热蒸汽管道等部件，如果工艺不当，焊接过程中可能产生焊缝根部缺陷及层间微小裂纹，P92 钢焊接接头存在的焊接冷裂纹、焊缝金属韧性低、Ⅳ形裂纹等问题。

宁海电厂新建机组 2 号机组（600MW）运行 7 个月后，主汽门进汽管道（材料 A335P91）温度测点套管（材料 1Cr18Ni9Ti）焊缝开裂飞离，5 号机组（1000MW）机组水冷壁（材料 T23）焊接接头运行启停后出现批量纵向裂缝，T23、T/P92、SUP304H、HR3C 等新型耐热钢材早期失效及氧化皮剥落堆积引起受热面过热器管、再热器管超温爆管等。

这些巨大的变化及新出现的问题，给焊接检验带来挑战的同时也带来难得的机遇。

得益于 21 世纪前后，在当时的部委及相关部门的指导下，中国电力科学研究院等机构组织专家队伍创建或完善一系列电力施工各项规范规程包括无损检验、理化检验等焊接检验规范规程，全国电建施工企业陆续建立了质量管理体系，建设标准化的等级金属试验室、引进技术、装备先进的仪器设备，培训检验人才；一些大专院校、科研院所积极引进技术、引进先进设备开发国产仪器。

90 年代中后期，一些电建企业的金属试验室，就引进了泛美、KK 等先进的数字化超声波仪器如 KK 的 USN52R，给当时的超声波检测质量提上了一个台阶。俄罗斯磁记忆检测技术的引进，给传统的以检测已经存在的缺陷为特征的无损检测技术带来了一种具有前瞻性分析的能力。2009 年，在宁海电厂 1000MW 机组安装工程、国电北仑三期工程 6 号机 1000MW 机组安装工程，浙江火电建设公司对主蒸汽管焊缝的检验率先使用了衍射时差法超声波（TOFD）进行检测，检测中发现了未熔合、夹渣、气孔和未焊透等缺陷，均作了及时修补；2013 年安徽津利能源科技发展有限责任公司率先将相控阵超声波大规模用于电站小径管焊缝检测，并与地方特检院合作发布了地方企业标准。早在 2010 年，电力无损考委会就率先举办了超声 TOFD、相控阵检测技术培训取证班，为推广、使用该项技术进行引导及发放了通行证，可谓良苦用心。

所有这些努力，不同程度提高了无损检测及理化检测质量水平，也给焊接水平的提高提供了有力依据，为后续的电站建设、电站安全运行打下了坚实的基础。

二、人员的培训和资格考核

1. 理化检验人员的培训和资格考核

2005 年 DL/T 931—2005《电力行业理化检验人员资格考核规则》发布，中电联锅炉压力容器安全监督委员“电力工业理化检验人员资格考核委员会”秘书处落脚中国电机工程学会金属材料专业委员会（西安热工研究院）以及国家电网各网区、电力科学研究院或其他检验检测机构。每年定期举办金相、力学性能、光谱等培训班。

以华东电网理化考委会为例，每年举办两期培训考核班，上半年一次，下半年一次，一次为取证，一次为复证。自 2005 年以来，每年的取证人数为 100 人，每年的复证人数为 100 人，截至 2015 年，其中光谱人员人数已达 900 人，力学性能人员人数已达 600 人，金相检验人员人数已达 400 人。

2. 无损检测人员的培训和资格考核

1994 年 9 月 12 日原电力工业部锅炉压力容器安全监督委员会批准了“第一届电力工业无损检测人员资格考委会”正式成立，伴随着电力行业的发展，考委会经历了四届，2016 年第四届考委会更名为“电力行业无损检测人员考核委员会”（简称电力无损考委会），由中国电力企业联合会的电力行业电力锅炉压力容器安全监督管理委员会（简称电力锅监委）授权，负责全国电力行业无损检测人员 I 类、II 类、III类证书的培训及考核工作。

1995 年，电安生 86 号《电力工业无损检测人员资格考核规则》发布，四年后，该考核规则改版并有了正式的标准号 DL/T

675—1999。2014 年，再次改版后的 DL/T 675—2014《电力行业无损检测人员资格考核规则》发布，其中涡流检测方法 ET 扩充为电磁检测方法 EMT，检测方法新增加了振动声学 VA，检测方法由 5 种增加到 6 种，检测技术增加了衍射时差法超声检测 TOFD、相控阵超声检测 PA、超声导波检测 GW、瓷绝缘子超声检测 PIUT。

考核规则的发布和改版升级，保证了无损检测人员的培训考核的常态化、规范化、先进化。

自 2004～2015 年的粗略统计，电力无损考委会共编写 17 本教材和讲义，内容涉及：国内外相关标准规程介绍、无损检测工艺介绍、新钢种及特殊部件的检测技术、瓷绝缘子检测技术、磁记忆检测技术、低频电磁检测技术、TOFD 超声检测技术、相控阵超声检测技术、超声波导波检测技术、超声波无损检测仿真技术、振动声学检测技术、紫外线检测技术、数字射线照相技术、压痕法检测技术、风力发电金属技术监督及相关检测技术、新建火电机组制造及安装过程中常见质量问题、世界无损检测大会重要论文介绍等内容。

电力无损考委会每年举办电力行业无损检测人员取证班及换证班。培训考核的无损检测项目从早期常规的射线（RT）、超声（UT）、磁粉（MT）、渗透（PT）和涡流（ET，2014 年涡流检测方法扩充为电磁检测方法 EMT）、振动声学、TOFD、相控阵、导波、瓷绝缘子检测等。培训考核范围覆盖了东北、华北、华东、华中、西北、西南的电力行业（包括水电行业），在行业内培养了大批电力无损检测 I 类、II 类、III类证书持证人员，这些人员成为保证电站建设、电站设备安全运行的中坚力量。

为满足超（超）临界、二次再热等高参数、大容量机组检测工作的需要，电力无损考委会未雨绸缪，在国内第一个举办了超声 TOFD 检测技术培训班、超声相控阵检测技术培训班，检测方法仿真与模拟技术的培训班，并均对学员进行了考核，为这些新技术在电力行业的推广应用打下了坚实的基础。

目视检验方法 VT，也是焊接检验的主要方法之一。目视检验方法的人员培训及资格考试，一直来由国电焊接信息网以“焊接质量检人员培训考核班”形式举办，早在 1986 年，经原水电部发文批转，该网更名为“电力建设焊接协调情报网”。同年，组织针对电力系统焊接各类专业人员进行培训、考核、取证工作，这在国内也是最早的；后因部委调整，先后更名为电力工业部焊接信息网（1993 年）、国家电力公司焊接信息网（1998 年）、国电焊接信息网（2002 年）至今。自 1986 年起举办“电力焊接质量检查人员培训、考核、取证班”，每年要举办 2 期培训考核班。截至 2015 年底的 30 年里，共组织了 48 期，培训近 3500 人次，为各电力工程企业输送了大批焊接检验专门人才。

三、检测设备和检测技术的发展

科学的发展，促进了检验设备与检验技术的更新与提高。检验设备与检验技术密不可分，检验设备是检验技术的载体，检验技术必须借助检验设备得以体现。检验技术的创新促使仪器被不断创新、完善。

（一）射线检测

进入 21 世纪以来，在火电建设焊接检验领域，射线检验方法由于其便捷性、直观性等优点早已成为电站建设现场焊接检验中最为普遍最为重要的方法，特别是铱 192、硒 75 放射源被大量使用，得益于国产远距离操控的γ射线探伤设备及 X 射线机成熟的制造技术，比如江苏海门伽玛星探伤设备有限公司（原江苏海门探伤机厂）直通道及 S 通道的铱 192 伽马机、轻便的硒 75 伽马机，均已发展了 3～4 代。2010 年前后，一种极短距离输送放射源的微辐射射线检测技术（M-RT）设备及一种可进行微焦距曝光的小焦点 γ 射线探伤机（DLTS–C 型铱 192）分别投放市场，前一种产品几乎可以杜绝出现放射源丢失或卡源事故，后一种产品扩展了 γ 射线探伤范围，比如短管角焊缝等，这些技术给射线检测技术带来了新的活力。

国产 X 射线机普及更早，控制器变频技术的应用，使得具有同样能量的 X 射线机体积与重量均有显著下降，但在关键元器件及整机小型化、轻量化及小焦点等方面，与国外先进技术还存在差距。

现在的高参数锅炉受热面管排分布密度相当高，在这些管排空隙放置仪器进行曝光作业，焦距拉不开，唯有射线机外形越小、焦点越小，得到的底片才越清晰，发现更细微的缺陷。

2010 年前后，观片灯开始使用极高亮度的 LED 冷光源发光技术，将底片可观察的黑度提高了一个以上数量级，直接提高了底片梯度及主观分辨率。

射线胶片是射线检测的最主要的消耗材料，虽然如爱克发、柯达、富士等国际品牌包括一些国内分装品牌因其稳定的质量仍然占据相当大的应用市场，国产品牌如乐凯等，质量进步很快价格相对低廉，因此也有相当普遍的应用。

早在 20 世纪末，射线数字成像检测技术及设备在国内开始有所应用。射线数字成像技术使用了 DR 或 CR 感光元件及计算机图像处理代替胶片，可使用低强度射线源，曝光时间减少，检测工效成倍提高。但受到器材成本高、与工件的贴合困难、成像等级低等诸多因素影响，该技术并未在火电建设焊接检验中被正式应用，随着射线数字成像检测技术的不断完善及成本降低，该技术肯定将在电站建设中发挥独特作用。

可以说射线检测在近几十年来已成为电站锅炉建设阶段难以替代的检验手段，与此同时，随着射线作业人员自我保护意识及公众环境保护意识不断增强，在政府的引导及强力监管下，各相关部门、企业建立了有效的辐射安全防护体系，促使了射线检测的健康发展。

（二）超声波检测

近十几年来，超声波检测技术是焊接检验无损检测诸多方法中发展最活跃、成果最显著的技术。

1992 年中国科学研究院物数所（现在的武汉中科创新技术股份有限公司，简称中科创新）研制出“便携式全数字化超声波探伤仪”，可以算作是中国工业超声波检测（仅指 A 超技术，也即无损检测常规方法之一，又称 UT，以下如无特指，均指 A 超技术）设备发展史上的重要里程碑，在这之前，所谓模拟机，其代表如汕头产 CTS-22，是国内主流超声波检测仪器的典型代表。而数字超声波探伤仪（国产）问世起的 20 年来，包括一些著名的国外品牌如 KK、奥林帕斯在内，超声波探伤仪基本上只处在改进完善状态，一直没有根本性的进步。UT 超技术的主要局限性在于对缺陷反射面的方向过于敏感而易于引起漏检、显示不直观、结果缺乏直接见证记录。

但是近十年来，能够弥补 UT 技术局限或者有其他特殊意义的超声波检测技术，如衍射时差法 TOFD、相控阵超声检测 PA、超声导波检测 GW、表面波及爬波检测、全自动超声波检测 AUT 等，被引进国内，有些技术迅速被国内一些仪器厂家所吸收开发出实用的检测仪器，如：

1. 衍射时差法 TOFD 检测技术

与 UT 技术的脉冲反射法不同，衍射时差法检测技术，是利用缺陷尖端的衍射波来检测缺陷，其优点是具备准确的缺陷尺寸测量能力，对缺陷的形状、方向不挑剔，检出率相当高，检测结果可以以图像的形式显示记录，具备一定的直观性及见证能力。其缺点主要是在焊缝上下近表面存在检测盲区，因此需要 UT 或其他技术进行补充检测。

用 TOFD 技术检测 P91（92）材质的主蒸汽管等中厚壁管道焊缝，能有效发现射线方法或传统 UT 检测方法较难发现的一些微小的层间未溶合、微裂纹等面积型缺陷。

2008 年，中科创新研制成功国内首台实用的 TOFD 超声检测仪器 HS800，目前比较有代表性的仪器有 R/D Tech 的 OmniScan MX、SONOTRON NDT 的 Isonic PA 系列，国产品牌有中科 HS810、汕头 CTS703 等。

2. *超声相控阵检测 PA 检测技术*

超声相控阵检测技术是使用阵列换能器，通过精确控制阵列中每个换能器阵元的发射或接收脉冲的延迟时间，实现可程序控制的超声波波束的扫描、偏转和聚焦，并结合位移编码技术，实现各个方向的图像成像。对单个的换能器阵元来说，其工作基础仍然是 UT 的脉冲反射法。但通过阵列组合的控制技术、位移编码技术及图像处理技术的有机整合，使得超声相控阵检测技术被业界称为超声波检测的革命性技术。

超声相控阵检测技术主要有下述优点：声速偏转和聚焦是可控的，使得缺陷检出率、分辨率、灵敏度均明显提高；声束扫查的方式、角度、焦点、路径是可视的，因此在检测前可以对工艺进行不断优化；通过编程可以应对较复杂形面的工件，比如各种角焊缝；探头即使固定不动也可以对工件一定体域内进行扫查、检测难以接近的部位；通过编程可以进行串列、多通道 TOFD、多种波形（纵波、横波等）及厚度分区扫查；多视角的图形显示方式可以较为准确地反映或测量缺陷的位置、形态及尺寸，并且能与实物一致对应。

超声相控阵技术在国内较早的批量化应用是在 2001 年的西气东送长输管线工程的焊接检验中，使用的是 R/D Tech 的含有超声相控阵功能的全自动超声检测即 AUT 技术。AUT 技术集成了 UT、TOFD、相控阵等技术，使用电力驱动固定于扫查器的十几个组合探头沿着导轨一次性完成单个焊口的检测。由于扫查器及组合探头调试相当费时，但一旦调试完成，就可以对沿线同规格焊口进行高效率的顺序检测，因此很适合长输管线，但对火电建设工程而言，被检工件的尺寸（管径）、位置一直在变化，AUT 的优势难以体现，也就没有在电力行业推广。

电力行业较早正式使用超声相控阵技术，是对零部件高温螺栓的检测，已经体现在 DL/T 694—2012《高温紧固螺栓超声波检测技术导则》中。但在电站锅炉的焊接检验中使用超声相控阵技术，2013 年安徽津利能源科技发展有限责任公司率先将其用于电站小径管焊缝的检测，并与地方特检院合作，发布了地方性企业标准。

火电机组锅炉受热面管子焊缝，有很大部分是用超声波检测的。但高参数锅炉受热面管排间距狭小，管子管径小但壁厚管径比很大，超声波波束一次反射波在管子内发散变形，如 1Cr18Ni9Ti 等非细晶材料对超声波又有较强的衰减和发散效应，因此普通 UT 技术常用的手工扫查相当不易，综合检测效果较难掌控。而相控阵技术，对以上问题都有很好的解决，安徽津利能源科技发展有限责任公司在华电六安电厂 660MW 机组安装工程、神华安庆电厂 1000MW 机组安装工程及多个火电检修工程中应用，取得不菲效果。

国内汕头超声波研究所是较早研制出国产相控阵超声探伤仪的厂商。当今比较有代表性的仪器有 SONOTRON NDT 的 Isonic PA 系列，m2m 的 GEKKO，R/D Tech 的 TomoScan 系列和 OmniScan 系列，国产品牌有汕头 CTS-602、CTS-2108、中科创新的 PA10/20、多浦乐的 PHASCAN 等，其中多浦乐在相控阵超声探头的研制方面，已经处于行业较高水准。

值得指出的是，与传统的无损检测方法单纯的检测模式有所不同，国际上较为先进的相控阵超声波仪器厂商，都将超声相控阵技术分解成仪器及软件两个子系统，仪器本身可以独立完成一些简单工件的最基本的工艺设定、实时检测及离线分析，但如果涉及较为复杂的工件，如含有余高的直焊缝、壁厚管径比比较大的小径管对接焊缝、各种管板、管角焊缝，复杂形状的工件如叶根等，就必须借助专用软件，进行针对性的工艺设定、检测，才能获得更为精准的检测结果，如果只使用仪器，要么进行简化近似，要么就检测不了。这种模式有利于仪器厂商获得更高利益，却捆住了仪器购买者也就是使用方的手脚，除非购买者付出更多代价。

3. 超声导波检测 GW

超声导波（也称为制导波）是由入射超声波在空间有限的介质内多次往复反射并进一步产生复杂的叠加干涉及几何弥散形成的超声波，这种超声波沿着管壁甚至弯曲的管壁远距离传播。

超声导波检测技术具有极快的检测速度和很长的检测距离，国外一般采用中低频导波用于长输管线的长距离检测。2006年国内发生了几起投产不久的机组主蒸汽管爆管事故，造成重大损失。富拉尔基发电总厂与黑龙江省电力科学研究院合作，对导波应用于四大管道的检测进行了研究，重点研究了导波工作频率与检测壁厚、检测灵敏度的关系及导波探头工作模式，取得了成功并顺利应用于实际工程。虽然导波检测的主要对象是管道，但对焊缝中的裂纹等缺陷也有相当高的检出率，并且因其极快的检测速度及远端检测功能，在批量普查、只拆除部分保温的情形下具有独特的效果。

SONOTRON NDT IsonicPA 系列多款相控阵超声波仪器，集成了高频导波功能，R/D Tech OmniScan 也提供了可选装的导波模块。

4. 超声波爬波检测

2012 年国家电网公司首条特高压示范工程淮南—上海，输电铁塔首次采用了高颈法兰与直缝焊管对接焊的形式，该对接焊缝要求达到 I 级质量要求。该钢管塔的特点是，8mm 以下薄壁对接焊缝数量超过 50%，最小管径大于 159mm，多采用自动焊。这类焊接接头的特征是余高大，焊缝宽度宽，即使使用短前沿的小径管探头，直射波与一次反射波也不能完全覆盖整个焊缝，而且法兰的特殊结构使得无法从焊缝的法兰侧外壁进行扫查。

中国电力科学研究院与黑龙江省电力科学研究院合作研究将爬波原理应用到检测这种薄壁对接焊缝，研制出专用的爬波探头及仪器，取得了很好的效果。虽然这项爬波检测技术是针对钢管塔焊缝的，但对电站锅炉的一些中小径薄壁管道焊缝也有借鉴作用。

适用于爬波检测的代表性仪器如汕头的CTS-1002GT。

5. 电磁耦合超声波技术

一般而言超声波检测需要探头与工件间良好的机械耦合或液体耦合,才能将超声波导入工件并接收工件中传回的超声波。而电磁耦合超声波技术，是利用线圈及磁铁，在工件浅表层产生涡流，涡流产生洛伦磁力引起机械振动形成超声波源。其优势是探头与工件间无需机械耦合或液体耦合，无需对工件表面进行打磨清理等处理。目前这种技术在管材板材生产厂家有所应用。但如要应用在焊缝检验中，还需解决其检出能力及信噪比低的难题。

（三）磁粉检测

火电建设焊接检验要用到磁粉检测的,一般以磁轭法为多。仪器通常是便携的磁轭式探伤仪，早期的磁轭式探伤仪，要拖带一个笨重的变压器。现在国内的仪器厂家引进了变频技术，将变频模块集成到磁轭手柄中，非常轻巧，另外，还开发了一种使用小蓄电池的供电的直流或变频交流磁轭式便携探伤仪，也非常轻便，解决了现场连接电源的不便。

（四）电磁（涡流）检测

近十几年来，电磁技术发展很快，低频电磁、磁记忆等，被纳入涡流检测方法（ET），扩充为电磁检测方法EMT。

涡流检测方法在火电建设工程或检修工程中，一般只用于热交换器管子的入场检测或运行后检测，也有一些发电集团如国华电力、大唐集团在火电安装工程或检修工程中，对入厂的受热面散装管子也提出涡流检测要求。涡流检测这类管子的特点是速度快，在现场，检测一根 10m 长的管子不到 1min。

但早期涡流检测方法受其局限性一般难以涉及针对焊缝的检测。科技人员通过努力，研制出一种正交探头及其检测方法，可以解决焊缝表面波折不齐、铁磁性材料磁导率变化等引起的干扰，相对超声波或磁粉检测方法，涡流检测方法可以保留焊缝表面一定厚度内的涂层等覆盖层，这为焊缝检验增添了一种简捷、灵活、高效的方法。

20 世纪末，磁记忆检测技术从俄罗斯引进国内。这是一种具有前瞻性分析能力的检测技术，相对而言，现有的各种无损检测方法，所针对的都是已经存在的缺陷。而磁记忆技术利用铁磁材料的磁弹性和磁机械效应，在载荷与地磁场共同作用下产生的磁记忆现象，能反映构件表面或近表面的应力集中，从而准确可靠地探测以应力集中区为特征的危险部位。这个检测方法是对金属构件进行早期诊断唯一行之有效的无损检测方法。

目前磁记忆检测技术已经在火电厂在役设备的焊缝检测特别是集箱管接座角焊缝检测有了相当成熟的应用。机组大修时，用磁记忆方法进行较大批量的预诊断检测，以确定应力集中严重的部位和设备的早期损伤区域，为常规无损检测方法筛选目标提供重点，在减少检测工作量的同时确保关键设备可靠运行。

脉冲涡流检测方法是近几年发展起来的一种新的涡流检测技术，它以宽带脉冲代替正弦信号进行激励，能解决常规涡流所不能兼顾的检测灵敏度和检测深度的矛盾，另一个显著优点是可以远距离检测（如间隔 10cm 的保温层再加薄金属保护层），这意味着这种检测技术可以在运行中进行实时检测且不必改变工件任何工况。国内对脉冲涡流检测技术及仪器还处于探索研究状态。

电磁（涡流）检测较有代表性的仪器有：EEC 系列常规涡流或远场涡流检测仪、TS3000 低频电磁检测仪、TSC-IM4 磁记忆检测仪等。

（五）理化检验

火电机组安装工程中材料复核的检验量相当大。近十多年来，高参数机组对材料复核的质量要求也在提高，已经不再满足于火花式看谱镜的检验方式，因而采用低能量射线激发的手持式直读式数字光谱仪越来越普及。这类光谱仪，进口品牌占据绝对多数，近年国产的同类仪器也已经进入市场。

虽然这类直读式光谱仪优势明显，但在火电工程中并不能完全代替火花式看谱镜，原因在于除了两者成本相差悬殊外，一些设备上的小构件及它们的角焊缝，因结构原因，直读式光谱仪无法准确对准，此外，直读式光谱仪需事先清除一片表面涂层。

值得一提的是，国产的元素分析级别的高端台式光谱仪，具有相当长的生产历史，其质量指标并不低。

现场金相检验，基本上已经广泛使用集成了数字化图像采集技术的便携式显微镜，但对测点的打磨抛光技术，并无突破。

现场的硬度检测普遍使用里氏硬度计，十几年来没有大的改变。但事实上这个检测方法问题不少。首先是里氏与布氏的转换本身是个近似关系，特别是不同材料应该有不同的转换关系，而仪器的材料数据库只有很粗的大类。其次，检测对象的质量、弧度、厚度甚至刚度都将不同程度影响检验数据。因此现场的里氏硬度检验方式至少在相当长的阶段中只能是个权宜之计，其检验数据应该是一个参考量而不能成为判别量。精确的数据应该通过布氏硬度获得。

近年来机械行业引进一种超声波硬度检验技术，其原理是硬度计测头有金刚石压头与被测件接触，在均匀的接触压力下，探测头的谐振频率随硬度而改变，通过计量该频率的变化达到测量硬度的目的，该方法对被测件的损伤极小，对材料的结构不敏感。但在电建行业还未见这种应用的报道。这种超声波硬度计有一个国产牌号：LAB-H1 其探头是欧洲原装探头。

四、标准、规程、规范的建立及升级改版

标准、规程、规范是检验工作的技术基础，是检验工作的行为准则。也可以说标准、规程、规范是推动技术进步的一种杠杆，一个行业的标准本身的水平，往往反映了这个行业的水平。

近十几年来，仅电力行业内围绕焊接检验方面的标准、规程、规范如雨后春笋出台，有些标准规范是 2005 年后新编制发布的，有些标准是以往既有标准规范的一次或多次修订。这些标准、规范、规程可以大致分成三类：

（1）第一类属于人员资格类的标准规范，如：

DL/T 675—2014　电力行业无损检验人员资格考试规则

DL/T 931—2005　电力行业理化检验人员资格考核规则

（2）第二类相对检验来说是属于原则性基础性执行标准，它们规定了焊接工序以后（或者工件运行以后），什么时候做什么样的检验，检验比例是多少，按怎样的等级验收，等等。如：

DL/T 678—2013　电力钢结构焊接通用技术条件

DL/T 868—2004　焊接工艺评定规程

DL/T 869—2012　火力发电厂焊接技术规程

DL/T 1097—2008　火电厂凝汽器管板焊接技术规程

DL/T 752—2010　火力发电厂异种钢焊接技术规程

DL/T 754—2013　母线焊接技术规程

GB/T 50235—2010　工业金属管道工程施工规范

（3）第三类属于方法、工艺的标准规范，如：

1）射线检测方法：

DL/T 821—2002　钢制承压管道对接焊接接头射线检验技术规程

DL/T 541—2014　钢熔化焊 T 形接头和角接接头焊缝射线照相和质量分级

NB/T 47013.2—2015　承压设备无损检测　第 2 部分：射线检测

2）超声波检测方法（包括非焊缝超声波检测）：

DL/T 820—2002　管道焊接接头超声波检验技术规程

DL/T 505—2005　汽轮机主轴焊缝超声波探伤规程

DL/T 542—2014　钢熔化焊 T 形接头超声波检测方法和质量评定

DL/T 1105.2—2010　电站锅炉集箱小口径接管座角焊缝无损检测技术导则　第 2 部分：超声检测

NB/T 47013.3—2015　承压设备无损检测　第 3 部分：超声检测

NB/T 47013.10—2015　承压设备无损检测　第 10 部分：衍射时差法超声检测

DL/T 930—2005　整锻式汽轮机实心转子体超声波检验技术导则

DL/T 714—2011　汽轮机叶片超声波检验技术导则

DL/T 297—2011　汽轮发电机合金轴瓦超声波检测

DL/T 694—2012　高温紧固螺栓超声检测技术导则

DL/T 718—2014　火力发电厂三通及弯头超声波检测

DL/T 1317—2014　火力发电厂焊接接头超声衍射时差检测技术规程

DL/T 1423—2015　在役发电机护环超声波检测技术导则

DL/T 1452—2015　火力发电厂管道超声导波检测

QGDW 707—2012　钢管塔薄壁管焊缝超声波检验

企业标准：钢制承压设备焊接接头相控阵超声检测

工法：浙江火电，SA335P92 钢制压力管道熔化焊对接接头超声波检测工法

3）电磁涡流检测方法：

DL/T 370—2010　承压设备焊接接头金属磁记忆检测

DL/T 1105.3—2010　电站锅炉集箱小口径接管座角焊缝无损检测技术导则　第 3 部分：涡流检测

DL/T 1105.4—2010　电站锅炉集箱小口径接管座角焊缝无损检测技术导则　第 4 部分：磁记忆检测

DL/T 883—2004　电站在役给水加热器铁磁性钢管远场涡流检验技术导则

DL/T 925—2005　汽轮机叶片涡流检验技术导则

DL/T 1324—2014　锅炉奥氏体不锈钢管内壁氧化物堆积磁性检测技术导则

DL/T 1451—2015　在役冷凝器非铁磁性管涡流检测技术导则

NB/T 47013.6—2015　承压设备无损检测　第 6 部分：涡流检测

NB/T 47013.12—2015　承压设备无损检测　第 12 部分：漏磁检测

NB/T 47013.13—2015　承压设备无损检测　第 13 部分：脉冲涡流检测

4）磁粉、渗透检验方法

NB/T 47013.4—2015　承压设备无损检测　第 4 部分：磁粉检测

NB/T 47013.5—2015　承压设备无损检测　第 5 部分：渗透检测

5）理化检验方法及其他新型无损检测方法：

DL/T 884—2004　火电厂金相检验与评定技术导则

DL/T 907—2004　热力设备红外检测导则

DL/T 937—2005　热交换器管声脉冲检测技术导则

DL/T 664—2008　带电设备红外诊断应用规范

DL/T 1250—2013　气体绝缘金属封闭开关设备带电超声局部放电检测应用导则

6）综合部分：

DL/T 1105.1—2009　电站锅炉集箱小口径接管座角焊缝无损检测技术导则　第1部分：通用要求

NB/T 47013.1—2015　承压设备无损检测　第1部分：通用要求

以上有关焊接检验包括零部件的检验标准、规程、规范，这里无法全部列举，其中相当一部分是2005年以后的新标准，它们的发布与执行，促进了检验技术的提高，也促进的火电建设焊接技术的提高，也从一个侧面反映了我国电力建设的发展水平。

中篇

国电焊接信息网的发展

第八章

国电焊接信息网的发展

林志华，张信林

一、六省（区）电力建设焊接科技情报网的诞生

国电焊接信息网的前身为“六省（区）电力建设焊接科技情报网”，它的由来应追溯至20世纪70年代。1975年我国正处在“文化大革命”的后期，长期动乱已严重影响国民经济的发展，为了认清形势，加快电力工业的发展，此年12月原水电部基建司组织全国电力建设企业焊接专业人员在安徽龙河口水库召开“火电焊接技术规程修改研讨会”。会上代表们对电力建设严重滞后的局面深感不安，特别是当地龙河口县长讲述了农村等电、农民盼电的殷切期望，深深促动了每一位代表的心，并引起了强烈反响。当时参加会议的河南电建公司、湖北电力工程公司、广东火电安装公司、广西火电安装公司、江西火电建设公司和湖南省机电工程局等六个企业的代表，利用会议间隙即时开会研究，就如何加快电力建设当好电力“先行官”的急迫课题献计献策。经商讨大家一致认为：以加强焊接科技情报，大力发展焊接新技术，推动科学技术进步，为四化服务为宗旨，以互学互帮为取向，组建一个“南方六省（区）电力建设焊接情报网”为六省（区）服务，促进中南地区电力建设更快发展，此时焊接信息网的雏形已开始萌生。会后由湖南机电工程局刘成林同志牵头抓住时机，经多方努力并向原水电部科技司、基建司、科学技术情报研究所等上级部门作了呈报，均

得了这些上级部门的赞同和积极支持，于 1976 年初在湖南长沙召开了“六省（区）电力建设焊接科技情报网”的成立大会。经协商“网长”由六个单位轮流承担，每届任期一年，决定秘书长由湖南机电工程局刘成林同志担任。由此宣告“六省（区）电力建设焊接科技情报网”正式成立。

（一）国电焊接信息网命名的由来

1976 年成立的“六省（区）电力建设焊接科技情报网”自成立起，经广大网员单位的共同努力，网员单位和网员得到了不断扩大，至 1979 年已列为全国知名度较高的科技情报网之一，得到了省和部级领导部门肯定，认为“这是一种很好而又实效显著的情报联络形式”，决定在全国电力系统推广。于是 1986 年原水电部以〔86〕技电字第 37 号〔86〕基火字第 13 号文，批转并下发给全国电力系统，将“网”的组织扩大为全国电力系统的“电力建设焊接协调情报网”。后又于 1988 年改名为“水利电力部焊接协调情报网”，1989 年又改名为“能源部焊接协调情报网”，以后又名为“电力工业部焊接信息网”。国家电力公司成立后，对这一组织也十分关心和重视，立即在 1998 年 9 月 15 日，以建综〔1998〕61 号文颁发全电系统，同意将“电力工业部焊接信息网”更名为“国家电力公司焊接信息网”简称“国电焊接信息网”。秘书处挂靠在湖南省送变电建设公司。

（二）建网以来网所开展的工作

根据建网初期的活动宗旨：“发扬团结协作，一省有的六省有，一处有难齐心帮，互通互补，协调协作，无偿服务，紧密结合生产实际”。近四十年来在“网”的主持和组织下，在火电建设广大焊接工作者积极支持下，先后出版了《中国焊接信息报》《焊接信息参考》《快报》《焊接技术论文集》《焊接技术专题汇编》《焊接手册》《电力焊接技术管理培训教材》《焊接技术问答》等有实用价值的文献和书籍。其中出版《焊接信息参考》

特刊：2009 年 10 月 9 日网电焊接信息网原秘书长刘成林同志在长沙不幸病逝，2010 年 1 月 12 日中国电站焊接专业的开拓者之一，获得中国电站焊接终身成就荣誉奖的郑玉田大师在郑州不幸病逝，这两位重量级人物的病逝，是我国电力焊接专业的重量损失。为了颂扬他们的精神，肯定他们一生的业绩，《焊接信息参考》特于 2009 年 11 月 16 日和 2010 年 3 月 5 日分别出版了两期特刊，弘扬他们的高尚品质，学习他们的敬业精神和为电力焊接专业奋斗一生所做出的贡献。通过数十篇文章，深切地表述了对他们两位的崇敬和怀念的心情。随着 21 世纪的到来，我国已进入了“e”时代，国电焊接信息网紧跟时代步伐，建立了“国电焊接信息网”网页，受到广大电力焊接网民们的高度点赞。

“网”的活动中，另一件有历史意义的事情，就是坚持不懈地协助主管部门组织举办了“全国电力工业焊工技术比赛”共 11 次，协助参加全国焊工技术比赛的电力系统焊工集训若干次。由于焊工技术比赛成绩显著，曾多次得到部长们的接见。

1980 年在山东青岛召开的“焊接技术管理座谈会”上决定电力工程开展焊接质量评级工作，在以（80）火发字第 93 号文中提出了“为确实掌握工程的实际情况，促进工程焊接质量的提高，从 1981 年开始，凡有条件的工程均应开展焊接质量评级工作”。之后，上级主管部门组织专人经三年多时间，制订了《电力工程焊接质量验评标准》，于 1983 年制订了《电力工程焊接质量验评标准》，于 1983 年以（83）水电基字第 137 号文颁发了《火电施工质量检验及评定标准（焊接工程篇）》试行本（即现行的 DL/T 5210.7《电力建设施工质量验收及评估规程 第 7 部分：焊接》规程的最初版本），作为依据开展焊接质量验评活动。

有了标准需要靠人去实施，而人只有准确理解标准，才能正确执行标准。因此，人是另一决定因素，就需要建设一支专门的质检队伍担当此项工作。“为了统一电力工程的焊接质量验评尺度看，提高焊接质检人员的管理水平和处理问题的能力”，行政主管部门决定“1986 年起集中组织参加电力行业焊接质检人员培训班，以满足焊接质检工作需要”。从第一期培训起，上级主管部门就邀请网的负责人担任授课老师，并参与培训的管理工作。从第三期培训起上级主管部门就委托信息网具体承办这项重要工作，一直延迟至今。从 1986 年起至 2015 年已举办了 48 期学习班，参加取、换证质检员的学员达 3500 人次。

改革开放以来，随着电力工业形势的发展，信息网秘书处还组织召开了多次“焊接技术管理座谈会”和“新钢种焊接技术研讨会”。这些会议的召开，受到与会代表高度评价，特别是“新钢种焊接技术研讨会”至今已举办十次，获电力焊接工作者们广泛好评。网在 2014 年将“新型耐热钢焊接技术研讨会”“焊接施工组织和经营管理研讨会”的资料进行收集、整理，出版了共 126 页的《全国火电厂新型耐热钢材焊接技术研讨会及电力工业焊接施工组织和经营管理研讨会》资料。

信息网秘书处还组织编写出版了《火电建设焊接纪事》一书，把火电建设 50 年来所建树的不灭功绩，所积累的丰富宝贵经验传递下去，为电力焊接工作者留下了宝贵的知识和精神财富。

（三）国电焊接信息网工作的交接

国电焊接信息网即将迎来建网 40 周年，此时此刻我们更加怀念“网”的开拓者，为网工作竭尽全力做出卓越贡献，深受电力焊接同仁们爱戴的前秘书长刘成林同志。他因长期为电力焊接信息网辛勤耕耘积劳成疾，不幸于 2009 年病故。为缅怀他，国电焊接信息网同仁们决心，继续将网工作延续下去，为电力焊接做新贡献。

2009 年 12 月 17～20 日国电焊接信息网在上海召开了“改进电力焊接质检人员培训教育管理和国电焊接信息网工作研讨

会”。经与会代表商议一致同意，改选网的负责人，组成新的秘书处。会议一致推选上海电力建设有限责任公司林志华高工担任秘书长；江西火电建设公司副总闵金财高工、浙江火电建设公司焊接与检测公司经理张学锋高工担任副秘书长。将信息网秘书处从长沙迁移至上海，信息网咨询中心郑彦军主任担任工作秘书，秘书处设在咨询中心处。同时，为使信息网的工作有序、平稳地过渡和有利于信息网工作的衔接，推荐张佩良、张信林、曹国柱、冯才根等同志为顾问。

为改进电力焊接质检人员培训管理工作，与会代表同意改组考委会。考委会主任委员：张佩良；委员：冯才根、林志华、闵金财、张学锋、廖传庆、张信林、郑彦军等组成。为进一步提高焊接质检人员培训教学质量，对培训课程作了调整：保留电力焊接规程及工艺管理、新型耐热钢材焊接技术等课程。新增焊接无损检验方法和标准、电力焊接工程验收管理和竣工资料编制以及必要的“专题”课程。增加交流研讨和解惑答疑课程。由此国电焊接信息网将开创一个崭新的局面。

二、重组后国电焊接信息网开展工作的重点

进入 21 世纪以来，电力工业呈现大跨越发展，火电建设的单机容量由 30 万 kW 机组，快速发展成 60 万、100 万 kW 机组，机组参数由原亚临界，变为超临界和超超临界，机组的用钢，由低合金耐热钢演变为新型耐热钢，这期间，承担火电建设企业的体制和机制也发生了巨大的变化。为了适应电力建设发展的这一新形势，“网”工作的内容也必须作进一步的调整，以满足用户的需求。为此秘书处结合当前形势和建设工程中急需解决的焊接技术问题的实际情况，“网”工作重点抓好两件大事：一是在原基础上继续办好电力行业焊接质检人员取、换证班；二是进一步办好“新型耐热钢焊接技术研讨会”工作。

（一）电力行业焊接质检人员取、换证班

经电力行业焊接质检员班培训、考核持证上岗的人员，实践证明，他们在电力工程焊接质量的监控和管理中发挥了极其重要的作用，这种模式是电力行业焊接领域的一大特色，在国内其他行业中处于领先地位，与美国焊接学会颁发的焊接质检师证有很大的可比性。国电焊接信息网秘书处认为，在保持原电力焊接质检员办班内容基础上，今后有必要向更深层次方向发展，逐步与国际接轨。为此秘书处对入学人员的资格、办班课时时间、授课内容等诸方面都作了相应调整，以紧跟时代的发展步伐，为用户培养名副其实的优秀焊接质检人员。

1. 严格入学人员的资格审查，规范报名申请入学手续

凡需取电力焊接质检员的学员，必须具有初中文化程度，从事焊接工作满三年以上，才有资格申报参加焊接质检员的培训。对申报参加焊接质检师人员的资质也作了进一步的明确规定：必须具有高中文化程度，持有焊接工程师或技师职称，取得过焊接质检员证书，从事质检工作三年以上，申请时必须提供从事电力焊接质检工作总结或技术论文；具有高级焊接工程师职称，实际从事焊接工作需满三年。报名培训人员必须在秘书处寄给的培训报名回执表中，填写申请培训内容并盖有单位公章，并反馈给秘书处，考委会对申报人员资质作最终审核并归档。

2. 紧缩课时时间，规范办班操作程序

随着电力工业飞速发展，电力建设工程的施工周期明显压缩，参加培训的学员不可能长期脱产学习，为了适应这一新形势，秘书处经慎重考虑，在不影响授课内容前提下，取消了观摩和考察环节的安排，将原办班时间由 13 天调整为 9 天。每期办班期间，根据学员的考核成绩、学习态度和遵守纪律的表现，由学员推荐和考委会审核，评选出若干名优秀学员在结业典礼上予以表彰。办班结束，国电焊接信息网以红头文件形式，将

本期评选出的优秀学员表彰决定和焊接质检员、焊接质检师通过资格考试的人员名单予以公示。

3. 更新授课内容，使授课知识接地气

在授课内容上，为了更好地贴近工程焊接实际需求情况，使培训后的焊接质检人员能提高掌握管控工程焊接质量的能力。重组后的国电焊接信息网秘书处组织教师进行授课内容的知识更新，并增加了新取焊接质检员、焊接质检师证的学员，必须经过考委会面试、答辩这一考试环节。对授课内容将原设置的六门学课紧缩为五门。这五门课程分别为："电力焊接规程、标准及新钢种焊接"；"DL/T 5210.7—2010《电力建设施工质量验收及评价规程　第 7 部分：焊接》验收及资料编制"；"火力发电厂焊接质量检验与管理"；"焊接检验方法及标准"；"新型耐热钢焊接技术和案例分析"。新设置的五门课程更结合工程实际接地气，深受学员们的点赞。

（1）电力工业的快速发展也加快了电力焊接规程修编工作的步伐，近年来，已先后更新出版了《火力发电厂焊接技术规程》《火力发电厂焊接热处理规程》《火力发电厂焊接工艺评定规程》《火力发电厂异种钢焊接规程》《火力发电厂焊接技术考核规程》等。其中《火力发电厂焊接技术规程》是电力行业焊接主干规程，如何让从事电力焊接工作的质检人员，能正确理解该规程的条文内涵并在工程中认真贯彻实施，是授课课程中极其重要的内容之一。承担该规程授课老师是电力行业焊接界德高望重的，对电力焊接规程最具权威性解释的，原国家电力公司焊接老专家。老专家就《火力发电厂焊接技术规程》前后五次修编的全过程进行了系统地、全面地讲解。从 20 世纪 60 年代，电力行业第一版焊接规程到如今的《火力发电厂焊接技术规程》的每次规程修编的历史背景，重要条文内容的修改依据，以及它的来龙去脉和在工程焊接质量方面所起作用都作了详细地叙述。对涉及相关规程也一并作讲解。学员们普遍反映，通过对《火力发电厂焊接技术规程》的学习，使他们对电力工业焊接技术的发展有了一个清晰的认识，对规程条文内容的理解更透彻，在工程中贯彻实施该规程的底气更足了。

（2）“DL/T 5210.7—2010《电力建设施工质量验收及评价规程　第7部分：焊接》”在原“验评”规程的基础上作了很大的调整，而该规程是焊接质检员在工程中必须严格遵循的，也是开展焊接质检工作的工具。为了能正确理解该规程条文的内涵和相关表格中所涉及的内容，为此，秘书处聘请了参与主执笔编写该规程的编者讲解。新版规程内容为“电力建设施工质量验收及评价”，而原规程为“电力建设施工质量验收及评定”，“评价”与“评定”一字之差，但二者有很大的区别，通过授课让学员能正确理解和掌握该规程的条文内容。同时列举典型工程执行该规程的范例讲解，学后学员反映，对“验收”和“评价”的实质含义有了深刻的了解，可避免以往执行过程中的盲目性和验收评价时的随意性。

（3）“火力发电厂焊接质量检验与管理”这门课程的设置主要达到两个目的：第一提高焊接质检人员的动手能力，第二提高他们的管理能力。焊缝的外观成形检验需借助于量具来检测，如何正确使用测量的量具，对测量后的焊缝外形尺寸如何对照“验收与评价规程”中的有关表中的数据，做出正确判断与评价，这是焊接质检人员学后必须掌握的技能。随着火电机组容量的不断增大，焊接工作量成倍增加，如何管理和控制好焊接质量，焊接质检人员肩负着重任。为了提高他们的管理能力，通过授课让学员明白，全过程焊接质量管理，即焊前、焊中、焊后三个阶段，每阶段需做哪些事，如何做好这些事，从而提高工程的焊接质量和管理能力。

（4）“焊接检验方法及标准”课程着重讲授常用的六种无损检测方法即：VT、PT、RT、UT、MT和ET。焊接质检人员主要承担对焊缝表面的外观成形的检测工作，而焊缝表面以下的缺陷则需借助于无损检验来完成。作为焊接质检人员有必要进一步了解这些检测方法，以扩大他们的知识面。通过授课，让学员对每种检测方法的优缺点及操作方法有所知晓，则有利于提高学员识别焊接缺陷和对产生焊接缺陷原因的分析能力。电站锅炉属特种设备，在工程中除了执行电力行业焊接无损检测规程外，还必须执行国家质检总局颁发的无损检测规程，为此授课中，对该规程和电力规程二者异同处作详细讲解，有利于焊接质检员对电站锅炉焊接质量的把控，并为申报优质焊接工程提供不可或缺的技术资料。

（5）超临界和超超临界机组已广泛应用新型耐热钢作为机组的主要用钢材料，而新型耐热钢的性能及其焊接工艺和热处理工艺，与常用的低合金耐热钢有很大的差异，对于这方面的知识，经了解是当前焊接质检员们最迫切需要知晓和掌握的知识点。为结合工程实际需求，秘书处决定增设“新型耐热钢焊接技术和案例分析”这门课程。讲课内容不仅对已应用的T/P91、T/P92、T23、Super304H 和 HR3C 钢的性能，焊接工艺和热处理工艺，以及焊接中的主要问题和对策进行了详细地叙述，而且还列举了这些钢种在应用中出现的焊接质量故事的案例作了分析，并告戒焊接质检员在质检过程中应重点关注哪些事项，如何避免此类钢材焊接接头的早期失效。学后学员们清醒地认识到，新型耐热钢的焊接必须严格地遵循其焊接工艺，必须严肃焊接工艺纪律，只有这样才能确保新型耐热钢的焊接质量。

（6）焊接质检人员除了需掌握上述这些知识内容之外，焊接信息网还特别注重质检人员在工程实际工作中开展质检工作的能力。为此秘书处增设了面试、答辩考核这一环节。凡第一次申报取焊接质检员的学员，除基础知识考核合核以外，还必须进过考委会的面试答辩，以考核该学员是否具备承担焊接质检工作的能力。面试答辩过程中对学员在叙述开展质检工作过程中所暴露出的弱点或不足之处，答辩老师还会教会学员如何正确开展焊接质检工作，并将他们丰富的实践经验传授给学员。对申报取焊接质检师的学员除参加面试答辩之外，还必须提交在担任焊接质检员工作期间的工作总结或论文，这一举措的主要目的，考核质检师不但要具备实际工作的能力，还应具备从实践上升至理论层面的分析、总结和审核的能力，这才是一名合格的焊接质检师。

（二）继续抓好开展新型耐热钢焊接技术研讨会的工作

2002 年我国电力建设工程中已出现新型耐热钢 P91 钢替代 F11、F12 钢的用钢，对于 P91 钢的焊接尚处于起始阶段，国电焊接信息网审时度势立即开展了对 P91 钢的焊接技术工作的跟踪、收资工作，于 2002 年在湖南长沙召开了“P91 钢焊接技术研讨会”，即首届“新型耐热钢焊接技术研讨会”。对 P91 钢焊接工艺，几经修编形成了“T91/P91 钢焊接工艺导则”。该导则被国家电力公司电源建设部以电源质〔2002〕100 号发至各省（市、区）电力公司，在电站建设工程中发挥了很强的指导作用，确保了 P91 钢的焊接质量。信息网瞄准了新型耐热钢这一科技含量高，今后超临界和超超临界机组用钢首选材料的前瞻性课题，决心继续深入地开展新型耐热钢焊接技术研讨会工作，秉承为广大电力焊接工作者服务的宗旨。先后于 2003 年 9 月 22～26 日在深圳召开了“WB36、P92 钢焊接技术研讨会；2004 年 10 月 17～20 日在无锡召开“第三次新型耐热钢材焊接工艺研讨会”；2005 年 5 月 20～23 日在上海召开“火电厂新型耐热钢 P92 焊材及焊接工艺研讨会”；2006 年 3 月 20～24 日在浙江杭州召开了“火电厂新钢种 P92 钢中、德焊接工艺研讨会”；2007 年 3 月 29～31 日在江苏南京召开了“T/P92 钢焊接指导性工艺研讨会”；2009 年 4 月 21～23 日在河北石家庄召开了“火电厂新型耐热钢焊接工艺及技术管理研讨会”。

2009 年 12 月 17～20 日在上海召开了“改进电力焊接质检

人员培训教育管理和焊接信息网工作研讨会”，会议决定由原建立在湖南长沙的国电焊接网秘书处迁移至上海。为了将新型耐热钢焊接技术研讨会此项工作能延续并发扬光大。国电焊接信息网于 2012 年 10 月 17～20 日在江苏苏州召开了“火电厂新型耐热钢焊接技术研讨会”；2012 年 11 月 12～14 日在江西南昌召开了“火电厂新型耐热钢焊后热处理技术研讨会”；2013 年 10 月 29 日在江苏无锡召开了“火电厂新型耐热钢第十次焊接研讨会”。

除了这十次研讨会外，国电焊接信息网 2011 年 10 月 26～29 日在江西九江召开了“DL/T 5210.7—2010《电力建设施工质量验收及评价规程　第 7 部分：焊接》贯彻实施交流会。

以上这些工作的开展，充分发挥了焊接信息网在电力行业焊接技术领域中所起的引领和桥梁作用，深得电力焊接工作者们的赞扬。

三、十次“新型耐热钢焊接技术研讨会”的成果

（1）进入 21 世纪随着改革开放步伐的加快，电力建设的发展也在不断地深入，至 2002 年国内引进机组中的主蒸汽管道和再热热段管道普遍采用了 SA335-P91 钢，国内 300MW 及以上机组也普遍开始采用了这种钢材。P91 钢由于其高温性能和焊接性能比原采用的 F11 和 F12 钢要优越得多，故 P91 钢替代 F11 和 F12 已是今后用钢的发展趋势。但对 P91 钢的性能及其焊接特性，了解知之甚少，还处在初始阶段，工程中对该钢种的焊接已出现不少问题。焊接信息网抓住 P91 钢将是今后电站广泛应用的新材料这一契机，认为有必要充分利用“网”的优势，搭建一个开展对新型耐热钢焊接技术研讨、交流的平台，为广大电力焊接工作者服务，为他们解难送经。

2002 年 10 月 23～26 日国电焊接信息网受国家电力公司电源建设部委托，在湖南省长沙市召开了由电建、生产、科研和

学校等 35 家单位 42 名代表参加的“P91 钢焊接技术研讨会”，即首届“新型耐热钢焊接技术研讨会”。会上邀请了德国蒂森焊接技术有限公司牛明安高工做了题为“P91 钢系列焊材的研发和使用”专题报告，邀请电力工业焊接专家吴宣武高工做了题为“P91 钢焊接工艺探讨”的专题报告。二位老专家的报告引起了与会代表们的极大兴趣，反映强烈，一致认为内容极为充实，既有理论基础知识又有实践经验。除了对 P91 钢特性、焊材选定和焊接工艺特点有了深刻认识外，并在制定具体焊接工艺的原则和依据的基础上，开阔了思路，受益颇丰，给与会代表们上了一堂生动的焊接专业课。会上还邀请了已对 P91 钢实施了焊接的五家单位作了经验交流。

会议在两个专题报告和五个单位经验的基础上，认真讨论了国家电力公司电源建设部，在《P91 钢焊接工艺暂行规定》的版本上制订的《T/P91 钢焊接工艺导则（讨论稿）》，使“导则”中提出的工艺方法和规范参数得以修正，更趋于合理和完善。本次会议为不久，国家电力公司电源建设部以电源质〔2002〕100 号文颁发《T/P91 钢焊接工艺导则》。

（2）随着火电机组装机容量的不断增大、参数的不断升高，机组应用新型耐热钢的种类也在不断地拓展，工程中已开始出现了 P92 钢和 WB36 钢。这类钢种的性能及其焊接性，对从事电力建设工程的焊接人员无疑带来了新的挑战。为了迅速了解和掌握此类新钢种的性能和焊接、热处理的工艺特点，在成功召开对 P91 钢研讨会的基础上，国电焊接信息网于 2003 年 9 月 22～26 日在深圳市组织召开了“新钢种焊接技术研讨会”，即第二届“新型耐热钢焊接技术研讨会”，会上邀请了电力焊接专家吴宣武高工做了题为“P91、P92 钢焊接工艺要领”，请焊接专家牛明安高工做了题为“WB36 钢、P92 钢焊接工艺的探讨”。两个专题报告从钢材特性、焊材选定、焊接工艺特点和建议的焊接工艺条件和规范参数等，做了全面阐述，内容充实，层次鲜明，并以多年出现焊接事故典型事例，做了深刻分析和技术论证，受到全体与会代表们的热烈欢迎。会上四家单位从不同角度分别介绍了对新钢种 P91、P92、WB36 钢焊接的经验体会，从与会代表的发言中，对以上这些钢种的焊接技术有了更深刻的理解，并达到如下共识：①焊接材料选定应与钢材相匹配、焊材管理应严格；②严格按焊接热处理循环过程施焊，严肃工艺纪律；③加强焊接过程管理，焊接质检人员应加强监督力度，认真履行职责；④严格执行《T/P 91 钢焊接工艺导则》焊接质量完全可以保证；⑤推荐优先选用焊接 P91 钢和 WB36 钢的焊丝和焊条的生产厂家和焊材牌号。会议最后形成了 P92 钢焊接推荐工艺和 WB36 钢焊接推荐工艺两个文件。

（3）2004 年 10 月 17～20 日国电焊接信息网在江苏省无锡市召开了第三次“新型耐热钢焊接技术研讨会”，这是继前两次研讨会基础上召开的极其重要的会议。会议召开的背景：我国刚建成引进的 900MW 超临界机组投产不久，在浙江玉环电厂已开始建设我国单机容量最大的 1000MW 超超临界机组，标示着火电建设发展已进入到一个里程碑历程。百万超超临界机组用钢所涉及的新型耐热钢品种多，而这些新钢种在国内属首次应用，对这类钢种的性能、焊接特性、焊接中存在的问题，尚处在探索阶段。国电焊接信息网抓住机遇，及时召开第三次研讨会，本次会议的主题为“电站新型用钢的特点、应用范围、焊接存在的问题和相应的焊接条件和工艺”。这次会议针对性强，通过研讨，澄清相关的理论问题和提出新型钢材的推荐焊接工艺，会上电力焊接专家张佩良教高重点介绍了“1000MW 发电机组的四大管系用钢状况”，电力焊接专家吴宣武教高作“火电站新型耐热钢的焊接”专题报告，焊接专家牛明安高工作“P92 等五种钢材的特性及焊接工艺”。会上，上海电力建设有限责任公司介绍了“900MW 发电机组焊接技术和焊接工程管理”、广东火电工程总公司介绍“T23 钢焊接工艺”、湖南火电建设公司介绍“T23 钢焊接工艺评定”。会上还对推荐的“P92 钢和 T23 钢的焊接工艺”，与会代表进行了认真讨论并提供了技术依据，会上达成了多项共识，其中推荐了 P92 新型耐热钢焊接接头的各项力学性能指标，供工艺评定参考。由于 DL/T 869—2004《火力发电厂焊接技术规程》中尚未涉及 P92 钢，而火电建设工程中已开始应用此钢种，如何正确指导 P92 钢的焊接工艺评定，会上推荐的 P92 钢焊接工艺及力学性能指标，为 P92 钢焊接提供了理论和实际应用的科学数据。信息网本着科学的态度，对会上推荐的“P92 钢和 T23 钢的焊接工艺”两个工艺文件，认为还应经焊接工艺评定的验证。为此会上落实了若干个施工单位担任此项工作。第三次“新型耐热钢焊接技术研讨会”，是务实、高效、极具科技含量的一次会议。

（4）2005 年 5 月 20～23 日在上海市召开了“火电厂新型耐热钢 P92 焊材及焊接工艺研讨会”，这是国电焊接信息网举办的第四次研讨会，会议主题，主要是对 P92 钢焊材的选用及其焊接工艺的研讨。会上邀请了电力焊接专家吴宣武作“新型耐热钢焊接工艺要领”学术报告，焊接专家牛明安作“P92 钢及焊材性能”。会上还邀请浙江火电建设公司作“玉环发电厂超超临界机组管道用钢及焊接”专题报告，上海电力安装第二工程公司对 P92 钢进行实际操作演示。P92 钢焊接材料，当时市场上有多家外商为此提供他们的产品。P92 钢属高铬合金钢，其化学成分中含有一定量的高熔点 W 元素成分，选用焊条焊接 P92 钢，其合金元素的过渡形式有两种，一种为焊芯过渡，另一种为药皮过渡。信息网在广泛收集用户和西安热工研究院对这两种过渡形式所做的 P92 钢焊接工艺评定结果，并结合 20 世纪 70 年代焊接 F11 钢所做的合金成分两种过渡形式的经验基础上，认为选用焊芯过渡的焊条，焊接 P92 钢，焊后金相组织均匀，焊接接头长期运行性能更稳定，故推荐 P92 钢焊材首选产品为焊芯过渡的焊条，供用户选用。会上，上海电力安装第二工程公司在焊接 P92 钢时对焊接参数的严格控制给与会代表留下了深刻的印象。

（5）2006 年 3 月 20～24 日在浙江省杭州市召开了第五次研讨会，本次会议是继第三次研讨会上推荐的 P92 钢焊材，并经浙江火电建设公司在华能浙江玉环发电厂工程主蒸汽管道焊接施工中得以应用基础上召开的。国电焊接信息网本着开放办会精神，以提高会议的含金量和它的前瞻性，特邀全球著名焊材供应商德国伯乐蒂森公司与国电焊接信息网联合举办第五次“新型耐热钢焊接技术研讨会”，中外联合办会模式成为研讨会举办以来最大的亮点。会议主题是“火电厂新钢种 P92 钢中·德焊接工艺研讨会”，会上邀请电力行业锅监会杨富教高作“火电环保——超（超）临界机组材料、焊接和热处理”、德国伯乐蒂森公司高级技术顾问牛明安高工作“耐热钢焊接接头可靠性及焊接新技术”、西安热工研究院范长信副总作“P92 钢及其焊接”、浙江火电建设公司包镇回工程师作“改善 P92 钢管焊缝冲击韧性”等专题报告。还邀请德国伯乐蒂森公司高斯先生和郝乐女士作 P92 钢焊材介绍。会上还对会议提供的《P92 钢管现场焊接指导文件（导则）》进行了认真的研究和讨论，专家们还对与会代表提出的各种技术和问题进行了答疑。第五次研讨会充分发挥国电焊接信息网所起的桥梁和纽带作用，构建焊接专业信息交流、资源互享平台，密切跟踪国内外新钢种、新工艺、新技术和先进管理方法的发展动向，对 P92 钢涉及的有关深化技术研究问题，为电力系统焊接技术的可持续发展提供强力支撑。

（6）在我国“十五”计划中，新建的浙江玉环和山东邹县百万超超临界机组主蒸汽管道选用了 P92 钢材，“十一五”规划仍将在超超临界机组中应用该钢种。随着对 P92 钢性能的深入研究，发现该钢带来了许多新问题，其中主要需要解决的有焊接接头脆化、软化和高温时效倾向等，为了解决这些问题，

2007 年 3 月 29～31 日，国电焊接信息网在江苏南京召开了第六次“新型耐热钢焊接技术研讨会”。本次会议的主题是研讨并制定“T/P92 钢焊接指导工艺”，其目的是为全国电力系统有关单位从事该类钢材焊接工作提供借鉴和参考。《T/P92 钢焊接指导工艺》的出台是在“先行”单位做了大量且细致地工作，积累了较为丰富实践经验和资料，以不断改进和完善 P92 钢焊接工艺内涵基础上编制的。为了使该工艺可靠和实用，国电焊接信息网邀请了参加我国首座 1000MW 机组工程建设的西安热工研究院、浙江火电建设公司、天津电力建设公司和进行了焊接工艺研究和评定的北京电力建设公司等单位，在天津电力建设公司进行了研讨做了修订和补充，提交国电焊接信息网组织的第六次新型耐热钢焊接技术研讨会与审定。会议一致认为《T/P92 钢焊接指导工艺》在深圳、无锡、杭州、天津等四次研讨活动，经过多个单位进行焊接工艺试验研究评定和工程实践经验的基础上制定的，又经本次会议深入研讨后形成的，可作为目前火电施工现场 T/P92 钢焊接热处理以及质量检查（验）实施的参考依据予以推荐。并对《T/P92 钢焊接指导工艺》实施提出如下建议：

——注意 T/P92 钢和 T/P92 钢焊接性的区别以及焊接工艺参数对焊接性能的影响。

——慎重 T/P92 钢焊接材料优化，T/P92 钢焊接推荐使用焊芯过渡合金成分的焊材。

——针对 T/P92 钢的焊接特点，做好参与钢材焊接人员的教育加强焊接工艺纪律。

——规范 T/P92 钢热处理工艺参数和具体工艺要求，切实提高热处理设备的精确性以及操作的准确性。

——加强 T/P92 钢焊接工艺评定组织管理和作业文件编制，切实做好焊接过程的监控和记录工作。

《T/P92 钢焊接指导工艺》为将要接触该类钢材焊接的单

位少走弯路，真正实现了资源共享，为修订 DL/T 869—2004《火力发电厂焊接技术规程》提供了科学依据。

（7）超超临界机组中高温过热器和高温再热器采用 HR3C、Super304H 钢材，这类材料属于新型奥氏体不锈钢。国内多家“先行”单位对这类钢材已做了焊接工艺试验和工艺评定，积累了较为丰富的经验，并在工程实践应用中取得了一定的效果。为了及时总结这类新型奥体不锈钢性能特点、焊接工艺、焊接材料的选用和焊接技术管理的规定等。国电焊接信息网于 2009 年 4 月 21～23 日在河北省石家庄市召开了第七次“新型耐热钢焊接技术研讨会”。本次会议主题：审议由国电焊接网组织编写的《Super304H、HR3C 新型奥氏体不锈钢焊接指导性工艺》和《Super304H、HR3C 新型奥氏体不锈钢焊接技术管理规定的建议》两个文件。会上针对 HR3C 钢焊接选用 ERNiCrCoMo-1 焊材替代同质的 YT-HR3C 焊材焊接的可行性进行了认真的讨论。由于 YT-HR3C 焊材受国际市场和制造商的制约，不仅价格昂贵且市场难以采购，给火电建设的施工造成了严重的影响。在苏州热工研究院、西安热工研究院以及上海电力建设有限责任公司、浙江火电建设公司、天津电力建设公司、北京电力建设公司等多家单位先后进行的采用 ERNiCrCoMo-1 焊材替代同质的 YT-HR3C 焊材，焊接 HR3C 工艺评定试验。江苏省电力建设第三工程公司在泰州电厂、江苏省电力建设第一工程公司在华润徐州铜山电厂 1000MW 机组工程焊接 HR3C 钢时采用 ERNiCrCoMo-1 焊材替代同质 YT-HR3C 焊材的实践中均获得了可喜的成果，并根据电力行业电站焊接标准化技术委员会，电焊标（2008）第 15 号发送《HR3C 钢材选择代用焊接材料技术研讨会会议纪要》的通知，国电焊接信息网组织相关单位起草了《Super304H、HR3C 新型奥氏体不锈钢焊接指导性工艺》和《Super304H、HR3C 新型奥氏体不锈钢焊接技术管理规定的建议》两个文件。会议代表们一致认为这两个文件对指导新型奥氏体不锈钢焊接，针对性强，具有很强的指导意义，可供借鉴和参考。国电焊接信息网本着为用户着想，急户之所急的精神，再次为电力焊接做出了新贡献。

（8）自 2002 年以来，国电焊接信息网针对发展超临界和超超临界机组用钢关键技术研究的需要，一直跟踪大型火力发电机组新型耐热钢材应用状况及其在焊接工程中产生的问题，并积极探寻解决的途径。截至 2009 年这八年中，先后组织召开了七次“新型耐热钢焊接技术研讨会”。这段时期内，各单位对新型耐热钢的研究和应用都积累了不少的经验，有必要给以总结交流。为此国电焊接信息网于 2010 年 10 月 17～20 日在江苏省苏州市召开了“火力发电厂新型耐热钢焊接技术交流研讨会”，即第八次研讨会。出席这次会议的有，科研院所、设计院、发电厂、基建单位、管配件厂、设备制造厂、钢铁股份公司、锅炉厂、石化系统、全国锅炉压力容器标准化技术委员会，同时还邀请了 V&M 和德国伯乐焊接集团，共 64 家单位 93 名代表参会，可谓是一次盛会。吸引如此众多的单位及代表参加其原因是，国电焊接信息网秘书处从邀集的几十遍论文中，精心筛选出 33 篇文章予以编辑出版，并从中提取了 11 篇作为大会主题发言。论文题材广泛，内容丰富，许多都是一线生产工程实践、技术攻关、科学试验后所撰写的，技术含量高，针对性强，具有很强的可参照性。这种以论文交流形式，为各单位对新型耐热钢研究成果的展示所搭建的平台，是第八次研讨会向纵深发展的必然趋势。

P92 钢焊接接头的性能及焊接工艺是论文中所涉及较广泛的内容之一，特别是我国第一台超超临界百万机组，华能玉环电厂 1 号机组自 2006 年 12 月投运至今近四年，机组安全稳定运行近三万小时，这期间对 P92 钢母材、弯管、焊缝运行后的金相、硬度及蠕变等进行检测评估、性能分析，结果表明 P92 钢运行状况良好，各项性能符合设计要求。事实证明，国电焊接信息网所制订编写的《P92 钢焊接工艺指导性文件》，在该工程中的实施，经实践证明是正确的。同时也印证了 V&M 和德国伯乐焊接集团在会上所介绍的 P92 钢的焊材工艺和焊接经验，与网推荐的《P92 钢焊接工艺指导文件》内容完全吻合。可喜的是有关单位在论文中已对 P92 大口径厚壁管焊后热处理进行了探索。同时也清醒地认识到由于对 P92 钢焊接及热处理工艺在执行过程中的不严，已引起 P92 钢裂纹的产生，在工程中时有发生，有关单位在论文中对这方面作了深入的原因分析，无疑给大家敲响了警钟。论文还涉及 T23 钢的焊接，该钢种在数个工程应用中多次出现泄漏，已引起信息网关注，并将其作为跟踪收资对象。

代表们一致认为，国电焊接信息网所搭建的“新型耐热钢焊接技术研讨会”交流平台，是目前电力体制下，对推动电力焊接工作的发展，扩展焊接新成果的应用，传播焊接新技术和加强焊接技术储备的最佳和最有效的途径。每次参加研讨会都受益匪浅，学到新知识，学会解决问题的办法，避免工程中走弯路，实在是一次难得的学习好机会。

（9）超超临界机组的主蒸汽管道采用 P92 钢，其管壁厚度达 100mm，由于 P92 钢焊接和热处理时对温度的控制极其敏感，随着时间的推延及对 P92 钢的深入研究，越来越认识到 P92 钢大口径厚壁管焊后热处理对焊接接头性能影响的重要性。国电焊接信息网审时度势及时抓住焊后热处理这一影响 P92 钢性能的关键工艺，联合东北电力科学研究院培训中心，于 2012 年 11 月 12～14 日，在江西省南昌市召开了第九次“新型耐热钢焊接技术研讨会”，会议主题是“新型耐热钢焊后热处理技术研讨会”。会上，与会代表们就如何控制 P92 钢大口径厚壁管焊后热处理内外壁温差控制在≤20℃，这一关键技术展开了深入的研讨。湖南省火电建设公司建议：采用内壁保温装置并对管内壁保温宽度进行了试验，内壁保温宽度达到某一宽度时，则内外壁温差可控制在20℃范围；宁夏电力建设工程公司采用柔性陶瓷电阻加热，分主辅加热区，加热宽度增大，管内封堵，使内外壁温差控制在＜15℃；上海电力安装第一工程公司采用电感应加热和电阻加热叠式组合法热处理，使管内外壁温差控制在＜20℃。以上这些方法对P92钢大口径厚壁管热处理时内外壁温差控制在≤20℃很有实效，富有创新意识。会上对热电偶的设置、补偿导线和温控系统的测温，这些在施工中易被忽略，而对焊后热处理质量有直接影响的细节问题都作了详细的分析。会上有关单位对P91钢焊后多次热处理对焊接接头性能的影响也作了介绍。

本次研讨会所涉及的题材内容是对DL/T 819—2010《火力发电厂焊接热处理技术规程》中的部分条文内容的丰富和充实，对施工单位在理解和执行该规程时具有参照性意义，对提高P92钢焊后热处理质量会起到有效的促进行作用。本次会议主题鲜明，技术含量高，充分体现了国电焊接信网洞察和驾驭新型耐热钢焊接技术的关键能力，时间将会证明，这是一次务实而又成功的研讨会。

（10）从2002～2012年这十年期间，国电焊接息网前后组织召开了九次“新型耐热钢焊接技术研讨会”，在总结取得的成果的基础上，秘书处经深思，认为有必要进一步提升研讨会内容的内涵。从对新型耐热钢焊接和热处理工艺的研讨，逐步转向对新型耐热钢焊接接头投入运行后其组织和性能变化的了解，以拓展电力焊接工作者的知识面。信息网在关注超超临界机组用钢的同时，还把目光瞄准全球下一代火力发电机组用钢的焊接技术上。

国电焊接信息网于2013年10月29日在江苏省无锡市召开了第十次“新型耐热钢焊接技术研讨会”。会上邀请了国内开展对P92钢研究最早的西安热工研究院作“超超临界机组新材料焊接技术成果”的学术报告，邀请奥钢联伯乐焊接技术集团（原德国蒂森公司）郝乐女士做关于“奥氏体钢和镍基合金在超超临界火电厂中焊接”的报告。

西安热工研究院对投运至今已有多年的我国第一台超超临界百万机组主蒸汽管 P92 钢焊接接头的组织和性能进行了深入地研究，为确保焊缝冲击韧性达到 41J，焊缝硬度达到 250HB 以下，确立了焊后热处理温度，焊缝硬度与冲击韧性的对应关系；对 HR3C 钢研究后认为，HR3C 钢在高温时效过程中，YT－HR3C 焊缝存在焊缝冲击韧性严重下降的倾向；对超超临界机组中出现的 T91＋HR3C、T22＋TP347H 和 12Cr1MoV＋12Cr18Ni12Ti 异种钢焊接接头组织和性能的研究后认为，应正确地选择焊材，根据不同的异种钢组合，选择合适的焊接和热处理工艺及提前进行异种钢焊接接头安全性分析，对确保异种钢焊接接头的性能十分重要。

奥钢联伯乐焊接技术集团郝乐女士，在会上重点介绍了欧洲关于 700℃火电机组技术研究进展、候选母材种类、欧洲在建及计划 700℃测试项目、已测试母材及匹配的焊接材料。该集团用于 700℃火电技术的镍基焊接材料的性能指标及焊接注意事项，数据表明镍基合金焊接的主要问题有高风险的热裂纹倾向，应引起高度重视。

会上专家们所作的报告及提供的珍贵的技术资料，对从事电力焊接工作的人员无疑有很大的帮助。本次会议内容新、技术含量高、专业性强，是一次长知识、开眼界的学习好机会。

第九章

电力焊接技术管理重要活动资料

张信林

一、电力焊接制定的重要管理文件

1. 1980 年山东省黄岛会议：焊接技术管理会议制定的文件

（1）焊接施工组织设计条例；

（2）焊接检验工作条例；

（3）火电建设焊接工程施工质量评级办法；

（4）焊接技术交流办法。

2. 焊接培训及技术比赛的资料

（1）焊接培训机构审验办法；

（2）各类焊接人员培训教学大纲；

（3）焊工技术比赛规则；

（4）焊工技术比赛配套的焊接试题库。

3. 电力焊接编著的技术书籍

（1）《焊工技术问答》；

（2）《电力焊接技术管理》；

（3）焊工培训教材：

A. 氩弧焊接培训教材；

B. 焊工培训基础教材；

C. 焊工培训实用教材。

4. 整理出版电力焊接自 1974～1995 年文件汇编《电力建设焊接文件汇编》。

二、电力焊接重大活动积累的资料

（1）1974 年望亭会议：大机组焊接技术座谈会纪要；

（2）1979 年谏壁会议：焊接技术经验交流会纪要；

（3）1980 年黄岛会议：焊接技术管理座谈会纪要；

（4）1984 年水利电力部基建司：关于加强焊接工作的几点意见；

（5）1986 年重庆会议：火电工程焊接质量座谈会议纪要；

（6）1988 年乌鲁木齐会议：能源部电力系统焊接座谈会纪要；

（7）1990 年北仑港会议：能源部引进机组焊接技术研讨会纪要；

（8）1993 年铁岭会议：计算机在焊接技术管理上的应用座谈会纪要；

（9）2002 年国家电力公司电力建设部：T91/P91 钢焊接工艺导则；

（10）2009 年石家庄会议：super304H.HR3c 钢—新型奥氏体耐热钢焊接技术管理规定的建议；

（11）2009 年上海会议：改进电力焊接质检人员培训教育管理和焊接信息网工作研讨会纪要。

三、具有重要意义的焊接质量检查活动的资料

（1）1981 年电力建设总局：淮北三期工程焊接工作检查纪要；

（2）1982 年荆门会议：关于召开 20 万 kW 机组工程焊接质量座谈会的通知；

（3）1983 年锦州会议：关于对锦州电厂二号机组焊接质量检查的通知；

（4）1985 年水利电力部基建司：关于几个工程焊接质量情况的通报；

（5）1985 年水利电力部基建司：石横、平圩工程焊接、检验研讨会纪要；

（6）1986 年水利电力部基建司：石横、邹县、姚孟等三个工程安装焊接质量检查的通报；

（7）1989 年能源部基建司：关于做好进口苏联机组检验工作的几点意见；

（8）1991 年能源部基建司：渭河电厂 3 号机组焊接金属工作检查的意见。

四、火电工程焊接专业经济责任制的三次重要研讨活动资料

（1）1991 年咸阳会议：电力系统火电安装工程焊接专业经济责任制研讨会纪要；

（2）2005 年南昌会议：电力工业焊接工程施工组织和经营管理研讨会纪要；

（3）2006 年广州会议：全国电力建设焊接专业化管理成功经验交流会会议纪要。

五、新型耐热钢材焊接工艺研讨活动的资料

（1）2002 年长沙会议：P91 钢焊接技术研讨会议要（第一次研讨会）；

（2）2003 年深圳会议：新钢材焊接技术研讨会纪要（第二次研讨会）；

（3）2004 年无锡会议：电站新型钢材焊接工艺研讨会纪要（第三次研讨会）；

（4）2005 年上海会议：火电厂新型耐热钢 P91 焊材及焊接工艺研讨会纪要（第四次研讨会）；

（5）2006 年杭州会议：火电厂新钢种 P91 钢中德焊接工艺

研讨会会议纪要（第五次研讨会）；

（6）2007 年南京会议：T/P92 钢焊接抗导性工艺研讨会纪要（第六次研讨会）；

（7）2009 年石家庄会议：火电厂新型耐热钢焊接及技术管理研讨会议纪要（第七次研讨会）；

（8）2010 年苏州会议：火力发电厂新型耐热钢焊接技术交流研讨会会议纪要（第八次研讨会）；

（9）2012 年南昌会议：火电厂新型耐热钢焊后热处理技术研讨会会议纪要（第九次研讨会）；

（10）2013 年无锡会议：火电厂新型耐热钢第十次焊接技术研讨会会议纪要（新型耐热钢材焊接工艺分析会）。

六、解决焊接材料、焊接设备问题的资料

（1）1978 年上海会议：焊条专业座谈会纪要；

（2）1981 年电力建设总局：关于进口钢管使用意见的通知；

（3）1985 年水利电力部基建司：关于合金钢小径管免做焊后热处理报告的答复；

（4）1985 年水利电力部基建司：关于做好焊接材料订货的通知；

（5）1986 年水利电力部基建司：关于要求另行调拨谏壁十号机组主给水管直管段用钢管的报告的答复；

（6）1986 年水利电力部基建司：关于抓紧做好焊接材料和电焊机订货的通知；

（7）1987 年水利电力部基建司：关于进行“ZST—300 型逆变弧焊机”鉴定会的通知；

（8）1988 年水利电力部基建司：复关于从南朝鲜进口焊条使用问题函；

（9）1994 年电力工业部基建司；关于召开“电子式”整流焊机选型研讨会的通知及纪要；

（10）1995 年电力工业部基建司：关于 R317L.J507L 电焊条使用的暂行规定；

（11）1995 年电力工业部基建司：关于印发“特种焊条技术座谈会议纪要”的通知及纪要；

（12）1995 年电力工业部基建司：关于委请研制 P91.T91 钢焊接材料的函。

七、国家相关部门对新型钢材存在问题处理意见的文件

（1）2006 年国家质量监督检验检疫总局、国家电力监督委员会文件：关于对假冒国外锅炉钢管使用情况进行检查消除隐患的通知；

（2）2006 年国家电力监督委员会办公厅文件：关于加强在建及运行电厂高温高压管道安全管理的通知；

（3）2006 年国家电力监管委员会办公厅文件：关于对海莱特公司代理的美国 WT 管道进行安全技术鉴定的通知；

（4）2006 年中国特种设备检测研究中心文件：关于转发《关于对假冒国外锅炉钢管使用情况进行检查消除隐患的通知》的函；

（5）2006 年中国华电集团公司文件：关于在火电机组四大管道中停止使用“SMANT”管道的紧急通知；

（6）2007 年中国质量报—国家质检总局特种设备局发出通报要求：停止使用伪造的进口 P91 钢管；

（7）2007 年国家电力监管委员会文件：关于山西神头第二发电厂主蒸汽管道爆裂事故情况的通报。

下篇

当事人回忆

我的焊接之路

姜求志

光阴荏苒，似水流年，从国内第一个高温高压富拉尔基电厂的建设开启高压焊接以来，已经过了60多个春秋，当年的那些往事，虽然经过了长时间的消磨，冲淡了不少，也尽管无情的岁月已霜染两鬓，但是一些难忘的经历，仍然清晰印在脑海里，如影相随，挥之不去，还有那北国的白雪皑皑，千里冰封，万里素裹的景色，和那滴水成冰，哈气为霜，穿肌透骨的极寒，忘不了抹不去！

到了耄耋之年，人生会有许多经历和故事。愿意倾诉或津津乐道，与人分享，也许是聊表对以往的寄思。这其中，或有感慨，或有遗憾，或有慰藉，或有对同事们的眷念。

初到富拉尔基，寒风夹着黄沙，扑面而来，喧闹的工地紧紧依偎在静静的嫩江边上，时而能看到在四野茫茫的荒原上野兔突然惊跑的身影，夜深人静，偶尔隐约听到远处传来的狼嚎之声。吃的是窝窝头，苞米粥。住的是稻草和以泥浆挂在杆上为墙的简陋房子，但是大家都有一颗火热的心。准备为祖国第一个高温高压电厂早日建成而奋战！

我干过土建，而后是电气，在准备安装变电站的时候，突然调出，跟苏联专家学焊接，尽管自己对学电的专业有难舍之分，但是国家的需要，就是你的专业。从此，我就走上了焊接之路，直至“解甲归田”退休为止。在这条道路上，自认流过不少汗水，付出过许多艰辛，尽管也有无奈的时候，但始终是默默耕耘着的。

新中国成立初期，百废待兴。物质极端匮乏，技术力量也很薄弱。国内没有焊接专业，技术人员只能由电机系、机械系或其他专业转过来。从事这工作，基本上不懂焊接或知之甚少。现状情况，更不了解。只能听苏联专家的，边学边干。焊工队伍，也不理想，一部分是临招的徒工，一部分是从旧中国一些工厂调过来这两部分组成。操作水平，参差不齐。有的名曰五、六级工，连立焊、横焊也焊不好。富拉尔基工程，就是在这样的技术基础上，艰难的开始了。

焊接设备也很差，电焊机是“万国牌”，铭牌有英文的、日文的、俄文的、中文的、无名氏的都有。有的高如一人的圆柱桶叫“汽油桶”，有的大于一平方米的叫“大方箱”（后来我改用作热处理电源），有的电焊机工作一段时间，电流就严重畸变。不重新调整就无法继续工作。每天上班，大家都抢先占用电焊机。施工高峰时，为焊机发生吵架的事，时有发生。后来从苏联进口 10 多台双箱型焊机（主机是变压器，分体是电抗式电流调节器）才得以缓解。

乙炔发生器完全是低压浮筒式，在平地上使用尚可，但在 40～50m 高的锅炉顶上，压力太低，气上不去，苏联专家建议使用大型中压乙炔发生器，建乙炔站，集中供气。但这个设备黑龙江省没有，跑了许多地方才解决。氧气供应也同样存在问题，平常施工时，日需 20～30 瓶，高峰时每天消耗 40～60 瓶。工地运输队设有专车每天到几十公里外的齐齐哈尔市或 300 多公里的哈尔滨市去拉。东北冬季时间长，大雪天多，遇到下雪，路走不了，没有氧气，现场就得停工。工程处领导不得已请示上级同意紧急建氧气厂，仓促上马。从安装到运行生产都请别人现教现学。富拉尔基这样的大工程，对大家来说，都没经验，也缺少预见性，所以不少事，都是“大姑娘上轿，现扎耳朵眼”，事到临头，措手不及，才意识到需要马上补做。被动极了，首先我们焊接工作者都有责任。

焊接材料管理也同样，过去，我们认为这是库工的事，与我们无关，有一次，苏联专家带我一起去检查，发现大部分焊条都是“席地而坐”，纸盒破损，焊条“赤身裸体”，有的合金钢焊条与碳钢焊条混在一起，没有分类分批堆放。过去的焊条包装不像现在都有塑料袋包裹，有防潮作用，焊条的头尾并有涂色分别。那时的焊条都是直接装在纸盒里，也没有颜色区分，焊条从苏联西部千里迢迢运到我国东北，多次装卸。纸盒逐渐开始破损。如果焊条乱了，只能凭焊条表面的药皮颜色色泽深浅来区别，但这需要经验，也不是绝对的准。尤其是成捆的气焊丝和普通的 8、10 号铁丝，因形状相同混放在一起，很难区分。甚至将气焊丝当做铁丝发给架子工绑扎架子用，随后苏联专家提出了许多对焊条、焊丝保管的要求，如室温、干燥度、通风、堆放和烘烤、发放制度等。我们都一一照办，并整理了焊材的管理条文。

由于焊接材料的混乱，专家要求对所有的焊材必须进行全面鉴别，以免用错。即将有关焊材熔焊后取其焊缝铁屑送检，我便吩咐别人去做，化验结果，不但碳含量高，硫、磷含量也很高，专家认为这是不可能的。经过对整个取样过程的了解，发现原来是机加工人员在钻取铁屑时，钻头上有油，没有经酒精泡洗，钻出的铁屑，随便用脏的毛刷扫取，毛刷含油及其他铁沫混杂其中，致使化验结果错误。再次重复取样化验后，碳含量正常而硫、磷含量仍高，专家认为这是乙炔气的问题，要进行过滤，并告知方法，得以正常。要知道，那时的化学元素分析，大都要到军工部门才行，特别元素需要到哈尔滨或到沈阳去做，一来一往，十天半个月才完成，事情虽小，但教训深刻，我自己也得到了学习。

在富拉尔基的焊接工作中，火烧眉毛的事，不仅于上述所指，比如培训高压焊工用的管子，金属试验室的建立，光谱分析，γ 射线探伤人员及设备的准备等。在我们当时的思想上，确实没有这些概念，殊不知这是质量保证体系的重要组成部分。

当专家提出要进行高压焊工培训时，我们才发现没有管子，查遍了电厂进货清单，压根没有这一项。不得已，向国外紧急申请，以致拖延了培训时间。当焊工培训进行时，机械试验的工作量很大，为了筛选合格焊工，必须通过它的结果决定，另外在焊接锅炉加热面管子时，要对每个焊工所含的焊口 5%进行切口试验，高压管道（主汽和给水管）每焊 5～10 个焊口要按同样的工艺参数做一个焊接试样，在没有得到合格的结果前，不能继续施焊，金属试验工作必须马上跟进，否则就会耽误工程。金属试验室的建立也是临时追加的紧急项目。当设备安装接近尾声时，苏联专家又突然提出要对所有装好的管材及焊口进行光谱分析，以免用错材料，对高压管道（主汽和给水管）的焊口要 100%γ 射线探伤。这些新东西，我们过去闻所未闻，也不懂这些技术。后来由苏联另派专家，提供了光谱仪，一面工作，一面培训。γ 射线探伤由在苏联学习的常继明同志改学此探伤方法，终于在水压试验前赶回国内工作。由于我们技术落后，没经验，一次又一次承受着被动的煎熬，但工程仍然是前进着的。

在工程中，最令我头痛的就是没生产资源的调动权限，作为焊接技术人员，其实是“空头将军”“光杆司令”，焊工不归你管，安装工更不会听你的，职权责任分不清，出点问题都推给你。焊接专业没有你的立项，没有你的计划，也没有你的预算，可是质量的问题你要管好。许多要推动保质的事，都得用乞求，央求的口吻有求于别人。那种窝囊，无奈的窘境，至今难忘。你有抱怨，抱屈的情绪，那只能自己去消化。

到了吉林市江北工程，我接受了富拉尔基的深刻教训，多次向领导陈述，生产关系必须适合生产力的发展。这是社会发展的必然条件，工程管理也一样，不理顺关系，质量得不到保证，安装也不会顺利进行，我要求成立焊接队，主要掌握高压焊工的培训、考核、使用调配，以及部分焊接设备和相关材料的专用管理，包括热处理和供气站工作，后来，得到了领导的同意批准试点。最后试验结果情况良好，大家反映，这种组织形式对高压部件焊接质量的掌控是有益的，完全杜绝了富拉尔基工程中所遇到了那种职责不清、互相推诿、扯皮等不良情况和囧境。

不能否认，富拉尔基与吉林江北工程的焊接经验和教训，的确为国内火电建设提供了一种模式，一种取向，它多少扭转了人们对焊接不够重视的旧思维，树立了对焊接质量的警钟，尊重了焊接工作的重要性和特殊性，没有焊接质量的保证，便没有优质工程的出现。我们过去付出的艰辛，似乎得到了回报，得到了安慰。如今，我们的同行们也许理解不了当初我们所遇到的那种苦楚，那种为被动所困的境遇，当我听到你们目前的情况时，敬佩你们早已有条不紊的文明施工，敬佩你们大量应用现代科技设备和手段。确实，我们不能与你们同日而语，毕竟有半个多世纪的历史跨越，我只是一种平常的回头，一种惦念而已。另一方面，我也仿佛看到了你们大步流星前进的身影，令我具有历史沧桑巨变的感动，诚如人言："长江后浪推前浪，一代更比一代强"自然发展的规律也。

1957 年末，我调到北京，在电力工业部电力建设总局（简称电建总局）干部学校任教，在此之前，我在焊接路上是认认真真学习、求索和实践的阶段。

谈及焊接标准，我虽任中国焊接标准委员会副主任两届（主任是哈尔滨焊接研究所副所长），但是很少关心或问津电力行业方面的情况，至今心中很有愧疚，那时，我在部科技司工作。张佩良工程师在部基建司工作，我觉得电力行业焊接方面的标准，过去在电力建设总局时期，一直是他直接主管的，现在继续掌管，顺理成章，比我熟悉比我合适，事实证明确实如此。

如果还原电力焊接标准的由来，翻开历史记忆的篇章，记得无论是富拉尔基的苏联专家、库斯阔夫，还是吉林江北工程中的马西达克夫，我都曾如饥似渴地询问过他们，希望提供苏联方面的完整范本，以供我们翻译参考采用，但是他们只是提供了一些手写的东西，如各种壁厚的坡口形式，各种钢号使用的苏制焊条，预热温度，热处理规范和若干焊接要求。如焊后焊缝应有的尺寸，不能咬边，不能在管壁上随便大火，并及时打上焊工代号钢印等。

在20世纪50年代末，电建总局根据苏联出版的“锅炉监察规程及手册”，结合现状实际情况，拟订了一些焊接规定，这是由喻乐尘，王文藻两位工程师共同拟稿的。1958年由水电部颁发了《电力工业锅炉监察规程》中有焊接部分附有“电焊工和气焊工考试规程”，那时，喻乐尘工程师是电建总局技术处电气总工。焊接方面的事他也管，王文藻是干部学校焊接技术员培训班主任，王邵忠工程师在电建总局施工处主管焊接。

直接由我执笔编写的焊接规定主要有三个，即《铝母线碳弧焊接暂行规定》《铜铝闪光焊接接头技术规定》和《锅炉汽包补焊的若干规定》。这些规定的制定，我都是经过自己研究—试验—应用后才编写的，有的则是参考当时有关制造厂现行标准而来。

铝母线焊接在吉林江北工程本想采用，当时曾请工程处最好的火焊工孙绍文师傅用氧—乙炔焊进行试验，由于铝的导热性好，试验时采用两个焊把，一个在焊口两侧不断的预热，一个从中进行焊接，虽然能焊接成功，但长时间的明火烘烤，焊工受不了，最后没有采用。我到电建总局干部学校任教后，在喻乐尘工程师的主持下，由我和张文贵师傅共同试验，用AX-500型大直流焊机做电源，采用市上普通碳棒进行，由于当时的碳棒质量不好，烧蚀较快，引弧顶部的碳棒经常爆裂，造成电弧不稳，经与碳棒厂联手改进后，终于焊接成功，并总结了一套焊接工艺要求，但是这种接头能否在电厂中应用，必须经过导电率检测、机械性能试验、温度试验合格才行，导电率主要是测量相同长度的原材与具有接头的原材相比，因铝是良导体，不易测量，我只好加长其测量长度，用西林电桥检测，测量结果，具有接头的电阻率，反而较低。分析其原因是：一是焊缝底部具有突出部分，顶部又有加强面，使接头的截面积增大了，所以电阻降低；二是铝母线是冷轧成型的，冷轧时金属晶粒被碾压错位滑移，使电阻增大，经过焊接加热后，晶粒或晶格恢复原态，使电阻减少了。接头温升试验要使用大电流发生器，发生的电流通过铝母线及其焊接接头，接头的温度不能高于铝母线母材，当时没有这样的专用设备，只好使用电厂检修换下来的电流互感器倒过来用（即一次变二次，二次变一次），结果温升试验合格，这是因为焊缝截面大，电流密度小的缘故。机械性能试验都在焊接热影响区处断裂，原因是此区被热的传导，受退火所致，但其强度在设计范围内，我们将此试验结果与设计院有关同志上商量，同意采用这种焊接方法连接。为了推广应用，喻工以总局名义，在干部学校举办了两期铝母线焊接培训班，共 30 多人。为使焊接规范，喻工要我起草了《铝母线碳弧焊接暂行规程》，经他修改后再提交颁布。规程中有两点，至今记忆尚存。一是焊缝决不许有咬边现象，因焊缝热影响区强度已有降低，再不能有其他不利因素了，二是考虑到万一外线路或其他地点的故障影响，短路电流发生，铝母线间的电磁力过大而不致破坏焊接接头，建议接头的设置尽可能地在母线固定支架 1m 距离范围内。

20 世纪 60 年代初期，水电部在三门峡举办电站水轮机转轮分辨组装焊接讨论会，喻工是与会者，我是旁听。我们得知工程局从苏联进口了一台氩弧焊机，是供焊接槽形铝母线用的，并且目睹了其带来的样品，会后，喻工积极主张在火电工程尽早采用。但是调查得知，北京的氩气产量较少，主要供军工部门使用，一般工业部门不提供，而且价格也非常昂贵，只好作罢，可惜那时我们没有那个条件，非常惋惜，深感遗憾！实乃

“时也！运也！”

20 世纪 50 年代，百业待兴，导电用铜材奇缺，国家不得不采取以铝代铜的政策，这就必须解决铜—铝连接问题，因为铜与铝不能直接用螺栓连接（会产生腐蚀），也不能用熔化焊。喻工和魏明德同志根据苏联资料，利用天津大学的闪光焊机进行改装，成功的焊接了铜—铝接头，但是，质量很不稳定，成品率极低，又没有有效的探伤方法，不敢采用。后来，电力建设研究所领导责成我解决这个问题，我经过缜密考虑，认为其焊接参数不够合理，于是大刀阔斧的改进了焊机行进的凸轮曲线，缩短夹持伸出长度（以减少二次阻抗），重新设计顶锻气缸和放气阀，加大顶锻力度和顶锻速度，并定其时间在 1～2 周波内，最后质量达到 100%合格。此外，还将电力设计院设计的铝设备线夹由砂型铸造改为钢模铸造，提高质量以便与铜板对接进行闪光焊。最后按电建总局要求，将全部设备及技术移交给南京线路器材厂正式生产。为确保生产质量要求，曾拟订了《铜铝闪光焊接接头技术规定》。据说，后来四平线路器材厂等几个工厂都采用了，我们也获得了由国家计委颁发的二等奖。目前，在电力建设研究所科技档案中仍存有当时的研究报告。

也是 20 世纪 70 年代末和 80 年代初，全国不少锅炉相继发现汽包内壁与降水管的连接焊缝产生裂纹，多数人认为，主要在此处的运行条件相对恶劣，温度变化大，以及原制造焊接不良（包括焊接结构）等原因造成，我当时在水电部科技司工作，也是国家劳动局聘请的兼职锅炉监察委员之一，考虑到锅炉汽包的严重性和安全性，除了向国家劳动局有关人员口头汇报外，还与有关锅炉厂联系了解，征求意见，并根据电厂已进行挖补的实际情况和经验，初拟了《锅炉汽包补焊的若干规定》，由科技司在山东某电厂组织讨论通过，部情报所参加了会议，会后在有关情报资料上作了报道，以引起大家的重视和注意。科技司则以发文方式下发，后来在此基础上由东北电力局进一步补充修改，成为正式有编号的标准。

这就是我为电力行业焊接标准方面所尽的微薄之力，其他的则是以参加讨论居多。

新中国成立初期，从苏联进口的锅炉或国产锅炉其汽包与冷水壁的连接多是采用胀接方式连接的，这种胀接方法是使管子产生塑性变形，而汽包壁产生弹性变形来达到坚固目的，但是它不易掌控，由于胀固紧力不一，运行后，经常在胀接处发生漏水被迫停炉，如多次再胀接，钢材的弹、塑性程度减少或消失，同样更容易漏水，更换管子又很困难，特别是水冷壁中间密集的管子，空间太窄，焊工无法进去焊接。电厂提出能否在汽包内以焊接代替胀接。喻工和我都认为，采用焊接方法，主要有两个问题要考虑，一个是焊接后，汽包会不会产生径向和轴向的变形？二是焊后的残余应力，要不要进行热处理？在锅炉顶上，如何处理？我提出，应分步走比较保险：首先在汽包上对少量胀口进行焊接，运行观察一小段时间后，如果没有问题，即可采用全部焊接，焊接时要严密监控是否产生变形。同时，我还采用一块约一平方米左右与汽包厚度同钢号的锅炉钢板，在其上设置与实际汽包相同尺寸的管孔，分别进行胀接和焊接，做模拟试验，并用应变仪测量其应力分布情况，试验结果发现，胀接可使管孔壁受压应力（即被扩孔）。而焊接则产生拉应力（即被缩孔倾向），两应力方向相反，而且沿壁厚方向的应力不大，与我们原来初步分析结果一致，两管孔焊口之间的应力呈曲线分布，近焊缝处较小，总的焊接应力不足以将刚性较大的汽包筒体发生变形，根据模拟试验结果，认为将胀口直接改为焊口是完全可以的，但焊接要采用跳焊方法，即在东侧焊一个焊口后，换到距离较远的西侧焊另一个焊口，避免焊接应力集中，焊后可不必进行热处理。我们认为：汽包在锅炉炉膛内，经常处于200～400℃的温度作用下，也相当于对钢材进行低温退火一样，应力会随着时间延长而逐渐减少。随后我就大胆地对这种有胀口的锅炉，连续改为焊口焊了 5～6 台，其他一些电厂也就接着这样做了，研究报告刊登在部情报所 60 年代初的《电力技术》期刊上。

采用应变仪测量焊接应力研究，在国内我们是比较早的，当时，喻乐尘工程师了解到北京航空学院（现北京航空航天大学）刚研制成功不久，便马上购买了一台使用。后来电建所的杆塔结构设计、研究、试验，随之广泛采用，取得了良好效果。

70 年代中期，文化大革命的硝烟尚未停息，河南姚孟电厂 30 万 kW 机组，是国内自行设计，自行制造的第一台大机组，由于水冷壁管直径小（ϕ22），焊缝根部焊瘤过大，通球试验过不去。通过调研收资和向有关单位取经，建议河南电建一公司培训氩弧焊工用于工程焊接，很好地解决了锅炉受热面小管的焊接质量问题。

经过姚孟、望亭两个电厂工程开始采用氩弧焊打底以后，普遍反映质量很好，这为电力建设的焊接发展开辟了一条新的道路，上了一个台阶，后来许多工程都相继采用了。1982 年修订电建规“焊接篇”时，成为规程和正式条文。

文革后期我调入水电部科技司工作，回望我走过来的人生轨迹，大致是：第一阶段，富拉尔基、吉林江北电厂工程焊接学习和试验阶段。第二阶段，是对电力焊接按需要进行研究的阶段，这期间，我在电力建设研究所。第三阶段，是在水电部科技司，主管金属监督和焊接专业。但是以金属监督为主，焊接时结伴而行。金属监督的事比较多，它与电厂的寿命，电厂的安全有关。

我的焊接之路不长，路不崎岖，不艰险，只是流点汗而已。以上的片段回忆，继叙下来供焊接同仁们了解。

火电焊接技术发展史上的一朵小焊花

邵鞠吾

20 世纪 80 年代，我国迎来了改革开放的新时代，为了满足经济发展的需要，火力发电建设也开始进入迅速发展阶段。

80 年代前火力发电均为采用亚临界参数的发电机组，由此我国燃煤发电机组的锅炉受热面组件大多采用的材料为 Cr-Mo 和 Cr-Mo-V 类低合金钢，该类耐热钢小口径管工作性能稳定、可焊性良好，广泛用于中小火力发电机组的锅炉受热面组件以及管道。但是，按照原水利电力部当时颁布的火电施工技术规范（焊接篇）的规定：上述材料焊后均应该进行消除应力的加热处理。这样给施工安装现场带来了极大的不便，例如：因施工现场需进行焊后热处理的受热面部件大量焊接接头，从而延长施工工期，增加成本。

随着火电建设项目快速增加、单机发电容量的增大，每台机组的锅炉需要施工现场进行焊后热处理的焊接接头从上千只增加到上万、甚至数万只，还不包括数量约 3～4 倍于现场安装的锅炉厂内的制造焊接接头。因此，在当前焊接工艺不断得到改进、焊接材料质量不断提高的技术环境下，能否取消小口径薄壁管焊后热处理这种耗时、耗力又耗电能的施工方法被提到了议事日程，并申请科研立项。

由此，原水利电力部将该课题列为了科技研究项目，由当时的上海电力建设局所属的施工技术研究所承担了该项任务，并成立了项目小组。

经讨论，首先确定了该项目的试验方案：通过对同一类钢种焊接接头焊后进行热处理与不作热处理的两组试样，从金属组织、室温机械性能、焊接残余应力和硬度等方面进行对比，以探索取消焊后热处理的可行性。

其次，就是确定试验样品的钢种和规格。根据调查，上述钢材用于电站锅炉生产和安装的焊接接头数量极大，可占到单台锅炉总数的一半、甚至以上。

由此，选择了锅炉生产厂广泛采用的下面三种材料的小直径、薄壁管作为试验材料：10CrMo910、15Mo3 和 12Cr1MoV。按照焊接篇规定的同一焊接工艺参数进行焊接：将同类钢种、同种规格的试样分成两组，一组进行了焊后热处理；另一组则采用焊后缓冷措施而不进行焊后热处理。

将每两组焊接接头的试件分别进行了金相组织、硬度、室温拉伸强度、抗弯性能和冲击韧性、焊接残余应力等一系列试验。

根据上述对比试验的结果，焊后不作热处理一组的试件在除了硬度、焊接残余应力数值略高，其余的都相似或相近。并且经试验，硬度值和焊接后的残余应力值在该材料相对应的工作温度下数小时后即可与进行经过焊后热处理的焊接接头的数值相仿。

依据试验数据综合分析，可以得出在一定的直径和管壁厚度范围条件下、该三种材质管子的焊接对接接头在采取焊后缓冷措施前提下，取消焊后热处理是可行的结论。

1985 年该项目通过专家论证，获得了原水利电力部“科学技术进步奖”三等奖，并将该项目的结果编入了部颁技术规范 DL 5007—1992《电力建设施工及验收技术规范（火力发电厂焊接篇）》，在 8.3 条中明确了几种钢材小径管焊口可免做焊后热处理。DL 5007—1992 中的该条款也在国内各锅炉制造企业得到执行。

在经过几年成功实施的基础上，在一定的条件下，其应用范围又增加了钢研 102 以及上述钢种采用手工氩弧焊打底和盖面的焊接接头。该成果的应用，加快了我国火电建设工程焊接施工的进度。

氩弧焊丝的研制和中频电磁感应热处理工艺的技术创新

林志华

20世纪70年代初我国自己设计自己制造的第一台30万kW燃油机组将建在江苏望亭发电厂，由上海电力建设公司（简称上海电建）负责安装。当时该工程在国内属单机容量最大的发电机组，能亲自参与该工程的建设将是每位电建工作者一生的荣幸。该工程中最大的技术难度之一就是膜式水冷壁管的焊接，膜式水冷壁管的规格为ϕ22.5×5.5mm，管内径仅为11.5mm，只有小指头这么粗，同时管内壁还有来福线。该小口径管焊后内壁焊缝要求平整，无焊渣，焊后水冷壁组件不能变形，技术要求极高。如果这项技术问题不解决，将影响工程的建设和投产，由此可见该技术的难度和它的重要性。

70年代初我国电力行业的焊接技术水平现状是，小口径管采用氧乙炔气焊或焊条电弧焊，这两种焊接方法是从前苏联专家传授过来的，从50年代起，电站受监管道的焊接一直采用这两种方法。如省煤器组件ϕ32mm管采用氧乙炔焊，水冷壁组件ϕ60管采用焊条电弧焊。这两种焊接方法中的任何一种用于ϕ22.5×5.5mm膜式水冷壁管的焊接都无法实施，并将带来严重后果。采用氧乙炔焊由于焊接时加热面宽，加上膜式水冷壁管口径小其刚度小，焊后极容易变形，而现场又无法校整。前车之鉴，在望亭工程开工前，河南省平顶山正在安装国内第一台30万kW燃煤机组工程，该机组的锅炉结构与望亭工程类同，膜式水冷壁的规格也是ϕ22.5×5.5mm，采用氧乙炔焊，焊后水冷壁组件严重变形而停工。该工程先于望亭工程开工但晚一年于望亭工程投产，其中问题之一就是未能很好地解决膜式水冷壁的焊接技术难题。采用焊条电弧焊焊后管内残留的焊渣会引起堵管而导致运行时爆管，这种焊接方法也是不可取得。要有效地解决 ϕ22.5×5.5mm 膜式水冷壁管的焊接只能另辟蹊径。采用钨极氩弧焊焊受监管道这一大胆的设想被提到议事日程上来。钨极氩弧焊以往仅用于铝母线的焊接，对焊缝质量的要求不高。用该方法焊高温高压的受监焊口是破天荒的一件大事，在当时文革期间不仅要承担社会责任还需承担政治责任，压力之大可想而知。为了迎接挑战，上海电力建设公司成立了以吴宣武老师为首的技术攻关组。在当时封闭的年代，技术攻关组在缺乏资料缺乏信息的环境中，只能依靠自力更生白手起家，去开启一条探索之路。

钨极氩弧焊是以钨极为电极在隋性气体氩气的保护作用下，外加填充金属材料的一种焊接方法。该方法的最大优点是焊接质量优良、无焊渣、焊后变形小。由于是首次接触该焊接法，刚焊接时很不顺利，焊缝成型极差，经摸索，焊缝的外观成型问题解决了，但其中最主要的焊接裂纹和管内壁成型问题一直困惑着攻关组成员。经总结分析产生裂纹的原因后认为，用氧乙炔焊丝作为填充金属，特别是焊碳钢，由于焊材的抗裂性差，不可避免地会产生裂纹缺陷（当时国内无氩弧焊丝）。为此攻关组成员在对不同管径的坡口型式上进行了深入研究，设计出多种带舌头的坡口，采用无间隙不加填充丝的焊接工艺方法。经过数月日以继夜地攻关，近上千次的试焊接，成功地解决了焊接裂纹和管内根部焊缝成型问题，并摸索出一套成熟的氩弧焊打底焊条电弧焊盖面工艺。第一片 ϕ22.5×5.5mm 膜式水冷壁管的焊接采用了该工艺，经对 100 多道焊口的焊缝 100%射线探伤，结果 100%合格。解决了膜式水冷壁管的焊接难题后，在此基础上攻关组成员又将该工艺成功地应用到水冷壁集箱封头和 F11 钢的焊接上。

1974 年 5 月水电部在望亭 30 万 kW 机组工程现场召开了大机组焊接技术座谈会〔见（74）水电基字第 55 号〕。会议认为氩弧焊打底是项新工艺，对保证根部焊接质量是个有效方法，焊接工艺较易掌握，有条件的现场应逐步推广，通过实践积累更多经验。1975 年 2 月水电部在上海举办“氩弧焊打底”焊工训练班〔见（75）基综字第 9 号（75）技电字第 30 号〕，来自全国各省市的优秀焊工参加了这次培训，这批“种子”选手将该焊接工艺带至全国各地。由第一个吃螃蟹的上海电建，探索出的氩弧焊打底工艺，终于在电力行业开花结果了。同时引以为豪的是，1979 年在宝钢自备电厂 35 万 kW 引进机组的中日联络会议上，日本专家提出管道要采用氩弧焊焊接，问这种焊接方法你们会吗？我们很自豪地回答：不但会，而且在工程中已经应用。此时从日本专家的眼神中流露出惊讶和表示钦佩的表情。

随着钨极氩弧焊工艺的广泛应用，氩弧焊丝的需求量与日俱增，由于国内无专用的钨极氩弧焊丝，只能依赖进口，每年要消耗大量的外汇。80 年代初上海电力建设局和上海电力修造总厂两家单位联合成立了“钨极氩弧焊焊丝系列研制组”。在吴宣武和程韔（chàng）的带领下又一次踏上探索征途。

由于氩弧焊焊丝的化学成分配方比较复杂，主要元素每调整一次，就需求冶炼一炉钢成本高，试验次数多而所获得数据又少。为此在吴宣武和程韔的带领下，就氩弧焊焊丝系列的研制从技术论证、配方设计、试验方案上给予了明确的指导。根据我国拥有丰富的稀土资源，首次提出将稀土和钛元素应用于氩弧焊丝配方上。为了减少试验的次数、缩短试验周期、同时又要获得最多的试验数据，采用了正交设计方法。由于焊丝的化学成分复杂无现存的可供应用的正交试验表，为此程总发挥他扎实的数字功底自己设计了一份供氩弧焊丝研制的正交试验表。经两轮配方设计的调整和对焊丝各项性能指标采用正交试验方法的计算，获得的大量试验数据表明，研制的五种氩弧焊丝具有优良的抗热裂纹性能和工艺性能，各项性能相当于对比的国外同类焊丝的水平。经专家组鉴定：研制的五种氩弧焊丝系列具有我国的特色，对提高管道焊缝质量，具有重要意义，填补了国内的空白。“低合金热强钢及碳素结构钢钨极氩弧焊丝研制”于1986年获水利电力部科学技术进步一等奖。

时光进入到21世纪初，我国电力工业进入了一个快速发展期，机组容量由60万kW发展到100万kW，机组的参数由亚临界发展到超临界再迅速发展到超超临界。机组容量和参数的提高对钢种的选用提出了更高的要求，大量新型耐热钢被广泛地应用到超超临界机组中，这给焊接和热处理带来了很大的技术难度。超超临界机组的主蒸汽管采用AS335-P92钢，管壁厚度达100mm左右，而目前电力建设工程中焊后热处理主要采用柔性陶瓷电阻加热法，壁厚越厚，用该加热法做焊后热处理由于其加热原理的缘故，管内外壁温差也随之增大，温差越大将直接影响P92钢焊接接头的冲击韧性性能，这对P92钢焊后热处理温度的上下限温差要求控制在≤20℃的范围内显然是不能满足技术要求的。长期以来对大口径厚壁管焊后热处理管内外壁存在的温差究竟有多大，它对新型耐热钢性能的影响有多大，无人能说得清也无人研究过。为了彻底解决大口径厚壁管热处理内外壁温差过大对P92钢性能影响的技术难题，上海电建在上海外高桥三期2×1000MW工程开工前成立了“SA335-P92钢大口径厚壁管道焊接及热处理工艺研究”课题组，并对该技术难题作深入的研究。课题组成员在对P22钢ϕ557×90mm长3.4m管道上，采用柔性陶瓷电阻加热法，多次热处理试验时，测得管内外壁温差最小33℃，最大可达54℃，这么大的温差显然是不能满足P92钢热处理技术要求。为此课题组成员从不同热处理方法原理上分析，寻找厚壁管热处理时减小内外壁温差的原因和解决方法的途径。认为目前电力建设工程中使用的柔性陶瓷电阻加热法因其加热原理的原因，注定不可能彻底解决内外壁温差过大的问题。而采用先进的电磁感应加热器加热，因其加热时热源分布在金属内部，则可以减小内外壁温差。两种热处理方法经过多次反复的对比试验，先进的电磁感应热处理方法在同一钢材规格上测得的内外壁温差最小为 14℃最大为 16℃，能完全满足 P92 钢焊后热处理技术要求。在工程应用中因进口的电磁感应加热器最大功率仅为 35kW，为此我们对热处理工艺进行改进，采用电磁感应加柔性陶瓷电阻加热组合，同时对ϕ546×92mm P92 钢主蒸汽管进行热处理，获得很好的效果。该方法既充分发挥了电磁感应的优势又克服了功率偏小的问题，成功解决了大口径厚壁管热处理内外壁温差过大而影响 P92 钢性能的难题，业主给予了很高的评价。“SA335-P92 钢大口径厚壁管道焊接及热处理工艺研究”荣获 2007 年度中国施工企业管理协会科学技术奖技术创新成果特等奖。

铁素体耐热钢异质接头焊材选用高匹配的尝试

乔文义

从事火电建设40多年以来，对X20CrMoWV钢与ZG15Cr1MoV铁素体耐热钢之间焊接材料的选择问题。久久难以忘怀，这要从20世纪70年代来说起。在1978年谏壁发电厂四期7、8号300MW机组扩建工程中的7号机组的主蒸汽管道采用了马氏体耐热钢，钢号为X20CrMoWV121（简称F11）或X20CrMoV121（简称F12），规格为ϕ273×20mm。该机组设备由上海锅炉厂、上海汽轮机厂、上海电气厂供货，主蒸汽管道由上海电力设计院设计。在施工过程中，分管焊接技术工作的同志，在F11管道和ZG15Cr1MoV阀门异种钢对接焊选用了上海电力修造厂生产的69新1焊条，其合金元素是由药皮过渡形式。共焊接了阀门两侧2个焊口，然而按当时的焊接规范规定，焊接此类异种钢焊接时宜采用中、低档匹配，即热407焊条。为此甲方提出异议，并反映到江苏省电力工业局。经双方协商最终领导决定：第一，该两个焊口不返修，采取可装卸的保温结构进行监督运行。第二，选用高匹配或低匹配的焊条进行焊接试验，以作参考。该7号机组于1980年12月19日投产移交。

关于铁素体耐热钢异质焊接接头蠕变断裂强度或者早期失效尚有不同的看法。我国焊接界普遍认为这种异质焊接接头是碳迁移产生的脱碳层降低了蠕变断裂强度，从而导致焊接接头在高温运行时产生蠕变裂纹而早期失效。这主要是断裂时间短，蠕变强度应力较高，碳和合金元素扩散不足而看到的一种暂时状态。一般的焊接接头蠕变裂纹的分类为：

Ⅰ型蠕变裂纹：发生在焊缝中的蠕变裂纹。

Ⅱ型蠕变裂纹：发生在焊缝中的蠕变裂纹向焊缝热影响区扩散的裂纹。

Ⅲ型蠕变裂纹：发生在粗晶区的蠕变裂纹，也称再热裂纹。

Ⅳ型蠕变裂纹：发生在细晶粒软化区的蠕变裂纹。

Ⅴ型蠕变裂纹：发生在熔合区的蠕变裂纹（氧化疲劳裂纹，熔合区界面开裂裂纹）。

Ⅵ型蠕变裂纹：发生在母材应力集中区的疲劳裂纹。

根据上述情况，我们曾查阅了大量的有关铁素体异种钢焊接资料，并深入有关施工单位及电力设备制造厂进行调研。用低匹配或高匹配焊材施焊情况不一。我们在上海汽轮机厂提的一个报废的 ZG15Cr1MoV 异径三通分别选用 69 新 1、热 407、热 337 三种焊条，按相同的焊接工艺施焊了三个焊口，模拟 550℃工况。在焊态热处理后，经 1 天、3 天、7 天、10 天、18 天时效后，受施工条件限止，仅作了常温力学性能，金相宏微观，无损检测等试验。具体情况可参见本人在《江苏机械》期刊或中国焊接学会第四届焊接年会发表的“F11＋ZG15Cr1MoV 钢异质接头焊接材料的选择” A 类论文。事后我们十分注意这两个焊口在历次大修中的检测情况，以及采用高匹配焊接铁素体异质接头的信息。数十多年来，仅与谏壁发电厂一墙之隔的我们一直关心这两个焊口质量状况，直至主蒸汽管超期服役换管报废。十分遗憾的是，这两个焊口没有进一步作详细的检验，从而来验证我国曾发现的用高匹配焊接此类异质接头不会产生 HAZ 裂纹。即使焊前不预热焊接也不会产生 HAZ 裂纹，高温长期运行后脱碳层消失。但在运行失效试样中发现细晶粒组织。当然这是在合理的焊接工艺条件下所获得的结果。值得注意的是，这类异种钢焊接接头，在焊态没有碳迁移现象。但在热处理后产生脱碳层和增碳层，这一点已在我们这次施焊的试样中得到证实。据报道用低匹配焊接时易产生焊缝热影响区冷裂纹。

如用 R407 焊条打底焊和管座角焊缝的 HAZ 裂纹，用 R317 焊接管座的 HAZ 裂纹等。

最典型的实例是我们曾走访上海锅炉厂发生在码头过热器集箱管座断裂的情况。据介绍我国引进首台国外先进的 600MW 机组设备，其中过热器集箱材质为 10CrMo910 钢，而管座是 F12 钢。国外采用低匹配焊材施焊角焊缝，该集箱运至上海码头后，发现部分管座角焊缝产生脆断。最初外方认为中方野蛮装卸所致，不是焊接质量问题所造成的管座角焊缝脆断。在返修工艺措施中仍按原外方要求执行，即焊材选择是低匹配。然而上海锅炉厂根据以往的生产实践经验，认为这种低匹配焊条焊接时易发生 HAZ 裂纹和脆化，导致管座角焊缝脆断，建议采用高匹配焊条进行返修焊，外方通过检索未发现这种高匹配的案例。为此双方坚持各自意见，得不到统一。最终协商决定：用高匹配和低匹配两种焊条，相同的焊接工艺，各自焊接 3 个管座角焊缝进行锤击对比试验。结果用高匹配焊条施焊的管座角焊缝，冲击韧度非常好，用大锤敲打管座均未发生断裂。然而用低匹配焊条施焊的管座角焊缝，锤打时发生了断裂，此时外方被逼同意上海锅炉厂的返修工艺。事实上国外对铁素体异种钢焊接时其焊条的选择也不是一致性的意见。例如英国 CTS 试验，早在 20 世纪 60 年代用低匹配焊条对 F11＋P22 焊接试验发现焊缝热影响区产生裂纹，而用高匹配焊条焊接时不发生 HAZ 裂纹，所以在有关标准规定：可采用 9 Cr-1Mo 焊条或采用高碳的 P22 焊条进行焊接。德国曼纳曼斯公司于 20 世纪 80 年代向中国介绍，该公司已于 10 年前开始用高匹配焊材焊接 F11＋T/P22 异种铁素体耐热钢，认为焊接质量比较好。德国蒂森公司于 2000 年向中国介绍，欧洲许多锅炉厂经常采用高匹配焊条焊接异种铁素体耐热钢。焊接接头的早期失效只与Ⅳ型蠕变裂纹有关，与脱碳层无关。2006 年介绍采用 Chromo9V 焊条焊接 P91＋T23 钢的焊接工艺评定，也是采用高匹配焊条焊接。

在江苏利港电厂设计谈判过程中我要求 FW 供货的设备在现场安装焊口无异种钢的焊接。而外方是采取钢管过渡段的形式或在低合金钢坡口侧堆焊一层高合金过渡层。如在汽轮机主汽门坡口处堆焊 10mm 厚的 P91 焊材，以此来避免在安装焊口中的异种钢的焊接。

综上所述，随着我国日益强大，科学技术突飞猛进，焊接技术也不例外。一些难题也逐一破解，特别是在改革开放年代已不再是“吃大锅饭”的计划经济，转变为自负盈亏的市场经济，部分电建施工、科研、设计、修造、水电施工等企业成立了能源建设集团公司，一旦在焊接方面产生的某些问题需要去进一步试验研究，在经费上存在一定的难度。在铁素体耐热钢选择高匹配或低匹配焊材的试验研究更是如此。对于产生焊接裂纹早期失效的一些课题，诸如焊接缺陷、焊缝的冲击韧度比较低且不稳定，碳迁移，蠕变强度，Ⅰ～Ⅳ蠕变裂纹。附加应力，热处理与 A_{c1} 温度，氧化疲劳等引起的高温长期运行寿命降低而产生的早期失效等都需要进一步的完善与试验研究。以利于在今后修订有关焊接规程提供参考依据。在行业标准中允许存在某些不同意见条文，但其质量目标是一致的。一般来说：企业标准高于行业标准，行业标准要高于国家标准。就焊接技术而言，在行业标准之间，应取长补短开展交流，虚心听取意见，特别是不同的意见。使标准或规程切实可行，具有较好的可操作性。

伴电力发展进步，为金属焊接尽力

——我在电力建设单位值得回忆的几件事

朱立新

我作为文化大革命后恢复高考的第一届大学生，经历过我国电力发展初期缺电盼电的童年和青年时代，经历了下放农村的三年知青生活，自那时起即立志为改变农村能用上电而学习、奋斗。幸运的我在下放农村第三年末，适逢全国恢复高考制度，1977 年 12 月我考上了合肥工业大学，就读于金属材料及热处理专业。四年的大学生活，同学们那孜孜不倦、如饥似渴地学习情景历历在目。老师们那被多年压抑后喷释出来的教学热情、课堂上和面对面辅导中的音容笑貌，时常浮现在我脑海中。我经常告诫自己：为祖国和四个现代化建设努力吧！

我大学毕业于 1982 年 1 月的春季，当时，我国的电力工业正处于飞速发展时期。我被分配到了电力工业部第二火电工程局第三工程处［即现在的安徽电力建设第二工程公司（简称安徽电建二公司）前身］。在单位里我一干就是 35 个年头，2016 年 5 月光荣退休。在这期间，我作为一名电建人，参与了公司承建的淮北电厂、平圩电厂、田家庵电厂、温州电厂、宿州热电厂等十几个工程的建设，见证了 35 年以来我国电力机组从小到大、从缺电到发电富裕而限发、从火电到核电、风电、光伏电站等清洁能源的建设过程。在火力发电机组容量从 50MW 逐步增加到 1000MW 的发展历程中，金属材料与焊接专业的发展和成就尤为突出，对此我有着比别人更深的感情与体会，略作回忆，记述一些发生在自己身边的点滴事，供大家参考。

一、现场焊接接头的金相检验与电解抛光、化学抛光的应用

1982 年 2 月，初到电力工程建设施工现场的我，被分到金属试验室工作，恰逢淮北电厂三期工程（2×200MW）6 号机组施工高峰，有一大批现场主蒸汽管焊缝需要做金相和硬度检测。

现场金相检验不同于室内做金相检验，需要在现场主蒸汽管的焊接接头上制样。当时没有磨光机等电动工具，只能用锉刀去锉平一块焊接接头表面作为测试面，然后用不同粗细的砂纸包裹在锉刀外面，进行由粗到细的手工打磨，一直到检验面磨制得如镜面一样光亮照人，再进行抛光、侵蚀、清洗，最后用现场金相仪观察和拍照。这其中的抛光步骤是采用 Cr_2O_3 抛光粉包在脱脂棉里，浸透无水乙醇，用手捏着反复在光亮的试件检测面上转圈研磨，非常费工费时且浪费材料，效率极低，每人半个工日只能做 1～2 个焊接接头。这种现场金相检验方法被人们戏称为“磨洋工”，必须改变它。

1983 年 5 月，随着平圩电厂一期工程的开工建设，我随公司转移到了淮南。平圩电厂一期工程是我国引进美国西屋电气公司和燃烧工程公司技术，国内制造的首台单机容量最大的 600MW 亚临界燃煤发电机组。时任国务院总理李鹏曾为其题词：“平圩不平常，单机甲中华”。公司职工都为能承建这样甲中华的电厂而感到幸运和自豪。该机组涉及的新钢种有很多，其中有主蒸汽管和再热蒸汽热段管所用材料 SA335-P22（规格 ϕ673×103mm、ϕ749×32mm 等）、主给水管 SA106B（ϕ457.4×51.1mm 等）、水冷壁集箱 SA299（ϕ914×95mm）、锅炉过热器管钢 102（ϕ57×9mm）等，由于机组参数提高，新钢种规格也比原来大了很多，焊接工艺、试验检测、热处理等技术要求大幅度提高，尤其是现场金相检验工作量成倍增加。除了进口的四大管道中

主汽管、热段管要在配管加工前逐段取小试样做镶嵌金相试验外，还要对它们的每一个现场焊接接头进行金相和硬度检测，这就更为改进现场金相检验方法，提出了必要与可能。我通过收资和查阅相关资料，再经过反复实践摸索，用电解抛光和化学抛光两项新技术替代了原来“磨洋工”的手工研磨抛光，使得金相检验速度大为提高。我为此写的一篇文章《电解抛光技术在工程中的应用》被电力建设研究所（简称电建所）常继明总工推荐发表在《电力建设》月刊 1988 年第 9 期上，后又经电建所李秀宝高工指点我又写了一篇《电建施工中金相检验的几项革新》发表在《电力建设》月刊 1990 年第 6 期上，该文在 1997 年 10 月，被中国科技文献出版社选入《中国科学技术文库》一书。

电解抛光和化学抛光这两项已逐渐为广大电建行业金相工作者所接受和采用，仅在平圩一期工程 1 号机组中我们就做了 875 件金属材料及焊接接头的金相检验，其中锅炉焊口 161 只，汽轮机部件及管道 625 只（包括原材料取样金相 521 只、现场主蒸汽管焊口 24 只、热段焊口 18 只、主给水焊口 43 只、其他管焊口 19 只），另有未要求出报告的金相检验 60 多件次。

二、安徽电建二公司与能源部电力建设研究所的几项科研合作课题

在我未进单位之前，安徽电建二公司廖传庆高工就与能源部电力建设研究所焊接室进行过多次合作，主要有对热处理设备的研制和测试、铱 192 探伤机的研制与试验、录磁探伤的研究等。在廖工的带领下，我们一批刚到单位的年轻人（袁如龙、杨世霖、朱立新等）也很快认识了能源部电力建设研究所的各位金属与焊接专业的领导、专家及试验人员（常继明、杨富、邢鼎华、田鸿立、陈冬雨、李秀宝、王昭洪、郭军等），我们常

出差在一起做实验和研究，受益匪浅。

在平圩工程建设中，为解决现场金相检验常遇见的组织评定的问题，普及电厂常用钢材的原材料以及焊接接头的组织评定知识，1991 年我们两单位又一起合作，开始研究电站常用金属材料及焊接接头的金相试验，准备合作出版一本金相图谱，研究课题的名字定为《电力建设金属焊接组织与性能》。1991 年 4～7 月，双方经多次协商后确定：共同进行收集资料，安徽电建二公司负责提供试验材料及焊接试样，电建所焊接室负责有关试验及金相照片摄制。双方共同编写了课题的实施计划，讨论确定了具体章节的内容和所包含的钢种、焊接接头的类型、热处理状态等。根据所拟计划，全书共设十一章内容与三个附表，课题所需试样涉及电厂常用钢 40 多种 580 余件，其中大部分需要按不同工艺参数模拟焊接和热处理制作，有些可以通过出差收资向已有试件的单位借用或征集。为此，公司专门添置了一台当时国产最好的大型卧式金相显微镜（南京江淮光学仪器厂生产的 WNJX-1 型金相显微镜）。

1991 年 12 月，我与电建所王然同志一起出差收资，经合肥、江苏、上海、浙江等地，拜访了南方的电厂、电建公司和研究所共 19 个单位的金相和焊接人员，收集相关资料和试样 100 多件，1992 年元旦我也没有回单位休息，直接从上海到北京良乡，与电建所另一位同志王昭洪一起，继续到北方各地出差收集。又用了半个月，我们去了北京、辽宁、黑龙江和吉林等地，拜访了 8 个单位的金相与焊接人员，共收集了 110 件各类焊接接头试样。收资以后，我们归纳整理了已有的试样，列出了需要焊接制作并且能够补充的焊接接头清单约 370 件（其中同种钢焊接接头 120 件，异种钢焊接接头约 250 件），有针对性地模拟焊接所需试样的缺项。另有不需焊接的原材料试件和难以收集或补充的 80 多件，再经调整计划取消或参考引用其他资料。

1992年春节后至6月底，我们焊制了大部分拟补充的焊接接头，做完相应的热处理后再用机械加工方法制成试样，集中邮寄或派人出差送往良乡电建所，做后续的试验和金相图片摄拍工作，一直到1993年10月，这一工作基本完成。遗憾的是这次合作未能最后完成图谱编印工作和出版，原因可能是电建所参与课题的人员调动或退休等。但合作的成果还是很有用的，电建所利用这批试验的金相照片作为焊接与金相人员培训班的教材，培养了一批又一批的电力焊接金相试验人员，对此我们也很欣慰，因为那有我们的辛苦和奉献。

三、锅炉监察工程师的培训取证经历及金属监督与焊接管理

电力行业锅炉压力容器检验员和锅炉监察工程师的培训开始于1988年，那时我国的安全生产形势并不乐观，全国锅炉压力容器事故频发，通报不断。若要实现十一届三中全会确立的发展是硬道理和电力先行的理念和目标，必须强调安全生产。全国开始了对在役锅炉和压力容器的安全普查工作，制定了一系列技术规程和规范，各地相继开展了锅炉压力容器检验员和锅炉监察工程师的培训。我经公司推荐，于1989年9月参加了安徽省电力局和劳动局联合举办的“锅炉压力容器检验员培训班”，取得了锅炉压力容器检验员证书。1990年5月，又参加华东电网第三期锅炉监察工程师培训学习，取得了Ⅱ级锅炉监察工程师证书。1996年3月换新证，升为Ⅰ级。期间在金属试验室兼职做锅炉压力容器监察工作。

实际上，对电建公司来说，压力容器检验和锅炉监察，也就是金属技术监督的工作范畴。1999年安徽电建二公司成立了焊接中心，设立金属监督专责工程师和焊接质量监察岗位，负责全公司的金属技术监督与焊接质量管理工作。我入职在这个

岗位上做了大量的技术与管理工作，直至退休。

首先，根据部颁 DL 438《金属技术监督规程》及其管理要求，我们制定了《安徽电建二公司金属技术监督管理办法》和《安徽电建二公司金属技术监督实施细则》，其次，我们设计了相应的金属技术监督管理表格共 7 份。要求本公司所承建的各工程项目部，要及时建立起由公司金属监督网统一管理的金属技术监督分网（可以涵盖焊接质量三级质检网），负责工程现场的金属与焊接质量管理工作，最终我们做到了各项目部金属技术监督分网都能达到组织健全、责任分明、管理有序、有章可循。据多年的管理经验，证明这种公司总部的金属技术监督网＋项目部金属监督分网的管理形式，能针对电建公司点多面广与分散施工的特点，做好金属技术监督和焊接质量管理工作，是行之有效的；这种金属及焊接管理模式也多次受到业主和同行的好评。

四、电厂机组耐热钢材料的发展与参与相关研究的经历。

电站所用的耐热钢材料是随着机组设计和运行参数的提高而发展的，我从 1982 年元月大学毕业进电建单位起，35 年来经历了从淮北电厂 200MW 的高温高压机组到平圩 600MW 的亚临界机组，再到铜陵、贺州等 1000MW 的超超临界机组的建设，亲眼见证了 30 多年来电站金属材料及耐热钢的发展历程，更是亲自参与了很多新钢种、新工艺、新技术的应用研究，以下就简述几个小事例供参考。

1. 12Cr2MoWVTiB 和 12Cr1MoV 钢小径厚壁管取消焊后热处理应用研究

1987～1988 年 6 月，西安交通大学张相权教授的研究生冯小伟，拜师公司廖传庆高工为其导师，在平圩电厂一期现场，选题《12Cr2MoWVTiB 和 12Cr1MoV 钢小径厚壁管取消焊后热处理应用研究》进行研究，我们作为廖传庆高工的属下，参与了很多现场焊接、热处理及焊接接头的检验工作。这为后来廖传庆高工参与制定的焊接技术规程其中有条件地免做热处理的条款提供了一定的参考依据。

2. SA335-P22 钢主汽管道组织与性能的研究（大白块 F 组织）

平圩电厂一期工程，我们首次遇到规格超大超厚的主蒸汽管和再热蒸汽热段管 SA335-P22 钢，规格ϕ673×103、ϕ749×32，为了指导焊接施工和检验其焊接质量，在廖传庆高工领导和组织下，对其做了系统地策划和研究，主要包括：化学成分与可焊性分析、焊接工艺试验与评定、后热与热处理、中间探伤与最终检验、焊接接头的组织与性能分析等。我对焊接接头的金相分析是非常难忘的。103mm 厚的焊接接头的金相试样要包括整个焊缝熔敷金属的全部纵截面，焊缝的热影响区以及部分母材，加上焊缝余高，其试样尺寸长度约 110mm，宽度约 70mm，厚度 12mm；作为取样的金相试样之大是前所未有的，磨制试样抛光试样工作之难是可想而知了，足足用了 2 周时间，才把试样制好。分析中发现，除了正常的焊缝是回火贝氏体之外，焊缝中部有几处大白块组织，块状尺寸大小不等约有 100μm～2mm 左右，进一步分析得知这是熔敷金属在凝固过程中先共析铁素体聚集长大而形成的组织，其原因是焊接线能量过大，层间温度过高，它的大量出现会使接头力学性能尤其是冲击性能下降，必须反馈给焊工改善其焊接工艺。后来，我们根据研究结论召开了相关管理人员和焊工参加的专题会，加大了主汽焊接的监控力度，保证了主蒸汽管等的焊接质量。

3. P91 钢的焊接工艺评定和对所焊制的焊接接头实验数据研究

电厂的主蒸汽管使用 SA335 P91 钢后，由于机组运行温度和压力等参数的提高，大大提高了发电效率，降低了煤耗。SA335 P91 钢管，具有良好的高温强度和抗高温氧化性，其焊接性能优于成分相近的 F12（X20CrMoV121）。但 P91 钢管焊接接头冲击韧性低则是一个突出的问题。国家电网公司火电建设部于 1999 年 10 月颁布了“火质函〔1999〕34 号《关于颁布 T91/P91、15X1M1ϕ钢焊接工艺暂行规定的通知》。对焊接接头的力学性能规定为：抗拉强度 σ_b 不低于母材下限，弯曲角 50°不裂，V 形缺口冲击值 A_{KV}≥27J，U 形缺口冲击值 A_{KU}≥49J，个别试样不得低于平均值的 70%。但在 2002 年 5 月北京召开的 P91 钢焊接技术研讨会上，国内专家认为，对 P91 焊接接头室温冲击韧性值规定较低，是可以通过工艺试验研究得到提高的。

为熟练掌握 P91 钢的焊接工艺，提高其焊接接头的冲击韧性，公司在承建外高桥二期工程之前，就对 P91 钢做了深入的研究，并在正式做 P91 钢焊接工艺评定之前，先行拟订了不同的焊接工艺参数，焊制了 6 只 P91 大口径（ϕ325×33）焊接工艺试验管，每一次我都把有关焊接参数和对应的试验数据进行比较和归纳，汇总成一览表，指导下一次工艺参数的制定。从一览表能够看出，在我们所进行的 P91 钢焊接接头试验中，除了射线、拉伸、弯曲、金相组织和硬度测试外，主要是对冲击韧性的测试和研究，并且对试样加工成 V 形缺口和 U 形缺口加以区别，对试验温度的不同也做了详细记录，第二只和第三只管焊缝的试样数量加倍，一半请合肥通用机械研究所试验室测试，另一半在公司的试验室测试，以作对比校核。我们还对取样的部位和开缺口的定位做了周密策划，并绘图详细编号，要求机械加工人员严格遵守，确保试验数据的正确性。

通过实验研究和这些翔实的试验数据，指导了公司正式的 P91 钢焊接工艺评定，当年就培训了 3 批共 14 名合格的 P91 钢焊工。保证了公司各工程的 P91 钢焊接施工质量。

在对 P91 钢的焊接研究中，公司还与合肥通用机械研究所合作研究开发了“10 通道焊接参数监测控制仪”，该仪器已在公司焊接培训中心安装使用，为我们对焊接工艺的研究创造了更为有利的条件。

4. 与苏州热工研究院合作对 P92 和 Super304H 等新钢种进行应用技术的研究

2005 年 8 月～2006 年 12 月，安徽电建二公司与苏州热工研究院合作的《T/P92 新型钢焊接工艺试验及应用技术开发研究》和《HR3C 新型钢焊接工艺试验及应用技术开发研究》两项科技成果的试验研究工作，作为研究课题的主要成员之一，我参与了该课题的方案制订、实施及报告编制与审核工作。2006 年 12 月 21 日，该两项科技成果分别通过安徽省科学技术厅组织的科技成果鉴定，2007 年 6 月，双双获得安徽省电力科技进步奖一等奖。2007 年 11 月，获得安徽省科学技术奖三等奖。之后，公司还与苏州热工研究院合作，研究 P92 和 Super 304H 等几种新钢材的焊接技术和工艺也取得了丰硕成果。

五、为公司进入核电市场所参与两次核模拟件工作

1. 核电站一回路主管道模拟件焊接及其检验

安徽电力建设第二工程公司民用核安全设备安装资格许可证于 2009 年 2 月 19 日到期，为此，公司于 2008 年 8 月 8 日正式向国家核安全局提出了民用核安全机械设备安装资格许可证申请，并于 2008 年 8 月 12 日向国家核安全局递交了申请文件。根据国核安办〔2008〕47 号《民用核安全机械设备模拟件试制实施细则》，公司按国内 1000MWe 压水堆核电站典型主管道规格选择 ϕ685×70mm 的超低碳不锈钢管作为本次模拟件制作材料，模拟压水堆冷却剂系统主管道的安装、焊接工作。

为此，公司专门成立了核电模拟件制作项目部，任命了项目部的人员和职责，我的职责是质保部 QA，负责对质量计划

的实施和签点。项目部以质量保证分大纲的要求，严格按照核模拟件制作相关管理程序和工作程序，精心组织，认真实施。这次是我参加的第一次核模拟件焊接工作。

主管道模拟件是模拟 1000MWe 核电厂一回路冷却剂主管道现场安装焊接的模拟试件，由两节大壁厚不锈钢ϕ685×70mm（采用离心铸造方式制造，AFNOR 牌号为 Z3CN20-09M）的直管段水平固定组装焊接（GTAW＋SMAW）而成。

首先通过了国家核安全局组织的对公司民用核安全机械设备安装许可证续证申请的文件审评、对话和核模拟件制作的先决条件检查。接着公司在人员培训、装备、场地和环境、原材料采购、工艺评定、作业程序编制等方面已开展了大量的工作，具备了开展下一步工作的条件。2009 年 2 月 4 日～3 月 5 日，根据专家组认可的核模拟件制作质量保证体系文件和核模拟件制作方案及其工作程序，完成了核模拟件制作、封头异种钢焊接和水压试验前的各项准备工作。

核模拟件焊缝层道数布置示意见图 1，焊接过程照片见图 2。

2009 年 3 月 12～13 日，国家核安全局和苏州核安全中心组织专家组对公司进行了民用核安全机械设备安装许可证续证申请的现场检查以及核模拟件制作的水压试验现场见证。在专家组的见证下，我们严格按照《水压试验工作程序》进行，水压试验过程及核模拟件制作形成的各种文件、报告及质量记录等全套文件，获得专家组的认可。3 月 25 日，顺利通过了国家核安全局组织的专家委员会答辩会，2009 年 3 月 30 日，我们向国家核安全局上报了最终版的《民用核安全机械设备安装许可证申请文件》和《1000MW 压水堆主管道模拟件制作完工总结报告》。2009 年 5 月 26 日，国家核安全局批准了公司的民用核安全机械设备安装许可证的续证申请。有效期为 5 年。

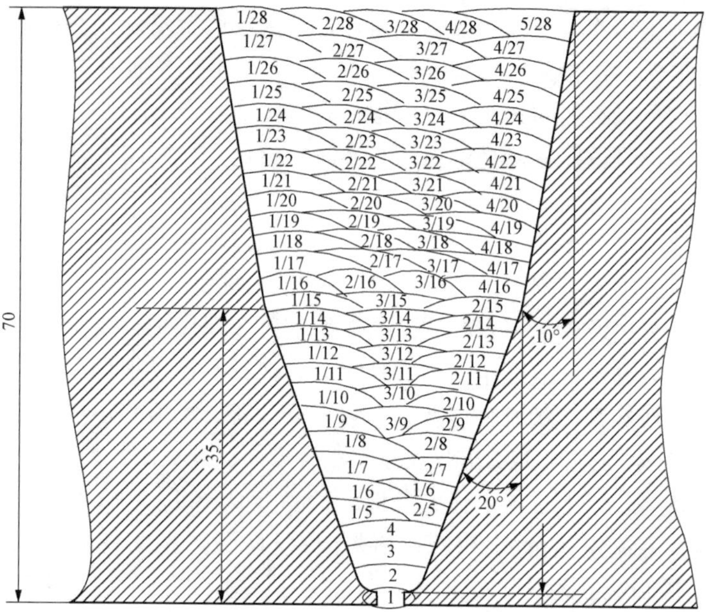

图 1　焊接层道数布置

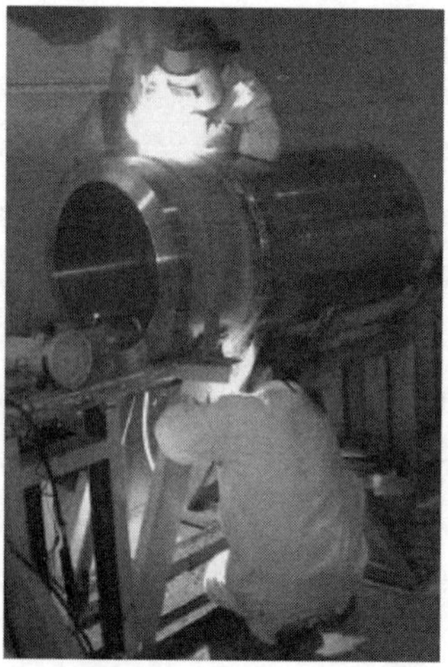

图 2　焊接过程照片

2. 核电站压水堆核岛环吊钢牛腿模拟件制作

2013 年 8 月 15 日，为保持《民用核安全设备安装许可证》持续有效（2014 年 5 月 25 日到期），公司提前 9 个月，又开始了《民用核安全设备安装许可证》延续申请暨《民用核安全电气设备安装许可证》的申请工作。并于 2013 年 11 月 18 日正式向国家核安全局提出了民用核安全机械设备安装资格许可证延续申请，并递交了申请文件。2013 年 12 月 24 日，国家核安全局受理了公司的民用核安全机械设备安装资格许可证延续申请。

为满足公司民用核安全机械设备安装许可证延续申请工作需要，依据《民用核安全设备设计制造安装和无损检验监督管理规定》（HAF601）和《民用核安全机械设备模拟件制作（试行）》（HAD 601/01—2013）的具体要求，公司需制作 1000MWe 核电站压水堆核岛环吊牛腿模拟件。为此，公司专门成立了核岛环吊钢牛腿制作项目部，在该制作项目部中，我担任质保部焊接与检验 QC2 职责，负责对制作过程中质量计划的实施和签点并监督。这次是我第二次参加核模拟件焊接工作。

环吊牛腿的基本构造设计为一箱型框架结构，承受着较大的动载荷与静载荷，主要由 20、25、30、50mm 和 60mm 共 5 种规格的 P265GH/ P265GH-Z35 钢板组焊而成。环吊牛腿的主要结构为底板、上下盖板、左右侧面板、外部挡板和正反面加筋板组成，其三维立体图见图 3。

该模拟件制作质量要求很高、技术难度大，体现了核安全机械设备安装的主要关键技术。公司核模拟件制作项目部编制、审核了《模拟件制作质量保证分大纲》（NQA001.1）、27 个分大纲程序、各类技术文件和管理文件，并按期提交国家核安全局及主审单位审核，批准生效。

在模拟件制作的过程中，做到了每一项工作都有据可依，均按计划要求全面完成了核模拟件制作的技术、质保和管理类文件的编制、审批，材料的采购、复验，焊接工艺评定，模拟件安装、焊接、检验及热处理等全过程。通过模拟件的制作，一方面体现公司在核安全机械设备安装、焊接方面的能力；另一方面通过核质保体系的运作，进一步验证公司核质保体系运行的有效性。顺利通过了国家核安全局核与辐射安全中心（A角）和机械科学院总院核设备安全与可靠性中心（B角）主审单位专家各项审核（包括对公司核模拟件制作活动的先决条件检查和其后的见证），确保了公司的《民用核安全设备安装许可证》持续有效。

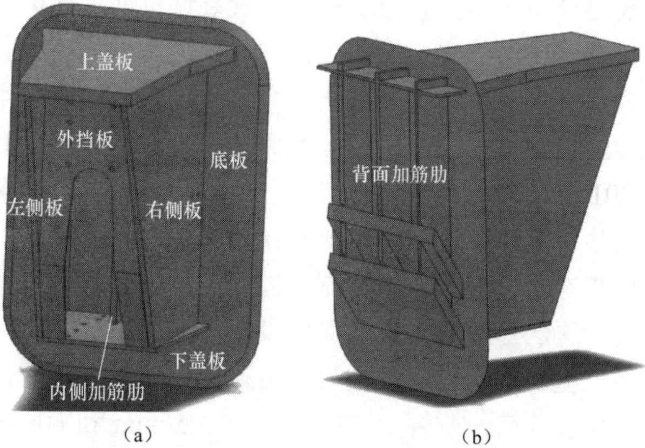

（a）　　（b）

图3　环吊牛腿三维立体简图

（a）正面；（b）背面

2015年11月18日，国家核安全局以（国核安发〔2015〕238号文件）批准延续了公司的民用核安全设备安装许可证，有效期至2020年12月31日。

后　记

本书为 2007 年出版的《火电建设焊接纪事》的续篇，编写目的是将原书中遗漏或差错予以补充和更正。同时根据《火电建设焊接纪事》广大读者的要求，将一些与电力建设焊接专业相关的知识性、技术性和发展历史的内容进行必要的补充。

为保证本书的真实性和严谨性，我们以追溯历史和查询资料的方式，对原书进行了通篇验证，对查出的问题予以改正，尽量使其臻于完善。

本续篇从策划、编撰、校审到出版历时近一年，收集的资料限于 2015 年底，所及内容虽经多份文献资料的核对和多位老同志的审阅，差错之处恐仍潜藏。借出版新书之机，对各位编者的无私和辛劳表示感谢，也敬请读者对本续篇的不足和错误予以指出，便于再次出版时的纠正。谢谢！

编　委

2016 年 8 月 26 日